성 아우구스티누스

GIULIANO VIGINI
SANT'AGOSTINO
L'avventura della grazia e della carità

© 2006 EDIZIONI SAN PAOLO s.r.l. – Cinisello Balsamo (MI), Italy.
Presentazione di JOSEPH RATZINGER
All rights reserved.

Translated by Yeonhak LEE and Wono CHOE
Korean translation copyright © 2015 by Benedict Press, Waegwan, Korea.

Korean translation rights arranged with Edizioni San Paolo s.r.l., Cinisello Balsamo (MI), Italy.

성 아우구스티누스

2015년 7월 27일 교회 인가
2015년 8월 28일 초판 1쇄
2019년 12월 28일 초판 3쇄

지은이	줄리아노 비지니
옮긴이	이연학 · 최원오
펴낸이	박현동
펴낸곳	성 베네딕도회 왜관수도원 ⓒ 분도출판사
찍은곳	분도인쇄소
등록	1962년 5월 7일 라15호
주소	04606 서울 중구 장충단로 188(분도출판사 편집부)
	39889 경북 칠곡군 왜관읍 관문로 61(분도인쇄소)
전화	02-2266-3605(분도출판사) · 054-970-2400(분도인쇄소)
팩스	02-2271-3605(분도출판사) · 054-971-0179(분도인쇄소)
홈페이지	www.bundobook.co.kr

ISBN 978-89-419-1514-0 03230

이 책의 한국어판 저작권은 Edizioni San Paolo s.r.l.과 독점 계약한 분도출판사에 있습니다.
저작권법에 의해 한국 내에서 보호를 받는 저작물이므로 무단 전재와 무단 복제를 금합니다.

SANT'AGOSTINO

성 아우구스티누스

줄리아노 비지니 지음   이연학·최원오 옮김
요제프 라칭거 서문

분도출판사

오랜 우정을 나눈
안젤로 마요 신부님을
기억하며

□ 차 례 □

추천의 말 9
머리말 13

1. 모험의 시작 19

   가족 22
   어린 시절 25
   마다우라 27
   청년 시절 29
   카르타고 30
   키케로의 『호르텐시우스』 32

2. 신기루 37

   마니의 사명 40
   마니교 교설과 마니 교회 42
   북아프리카 마니교 44
   마니교의 매력 47

3. 되돌아가는 길 51

   카르타고에서 타가스테로 51
   타가스테에서 카르타고로 54
   카르타고에서 로마로 58

4. 회심의 여정 63

암브로시우스와의 만남 66
심플리키아누스의 영향 69
살아 있는 교회의 본보기 72
모니카의 눈물과 기도 74
신플라톤 철학서 76
바오로의 계시 78

5. 귀항歸航 81

회심의 특성 82
선한 의지의 승리 84
하느님 체험 88
명상의 시간 90
세례 지원 94
세례 97

6. 수도승생활과 사목 활동 101

모니카의 죽음 102
로마 체류 105
타가스테의 첫 공동체 107
히포 수도원 110
사목 활동 114
히포의 주교 118

7. 『아우구스티누스 규칙서』 121

공동생활의 목적과 기초 124
기도 128

검소함과 극기 130
　　정결과 형제적 교정 134
　　재물의 사용 137
　　받은 상처의 용서 139
　　권위와 순명 142
　　『규칙서』준수 144

8. 『고백록』 147

　　회심 149
　　하느님 찬미 152
　　사랑의 발견 154
　　기도와 묵상 159

9. 정통 신앙 163

　　펠라기우스주의 167
　　위대한 종합 171
　　신국 174
　　모험의 끝 177

옮기고 나서 181

부록
1. 아우구스티누스 저술 목록 185
2. 아우구스티누스 연구 자료 201
3. 아우구스티누스 연보 209
4. 아우구스티누스 저술의 우리말 번역 211
5. 색인 220

【일러두기】

이 책에 인용된 아우구스티누스의 『고백록』 본문은 역자들이 라틴어 원전(*Nuova Biblioteca Agostiniana*, Roma 1991⁵)에서 직접 옮긴 것이다. 다만 159쪽 각주 24의 '회심의 노래'("늦게야 임을 사랑했나이다")는 최민순 번역(바오로딸 2010)의 아름다운 시적 표현을 따르면서 라틴어 원문에 어울리게 손질했다.

추천의 말

 가치의 위기를 겪고 있는 오늘날, 길을 가리켜 줄 수 있는 인물을 새삼 찾게 된다. 필경, 어떤 삶의 방식을 선명하고도 믿을 만하게 해 주는 것은, 이론이 아니라 사람일 따름이다.
 아우렐리우스 아우구스티누스, 어지러운 시대에 길을 찾아 나서야만 했던 아프리카 출신의 위대한 교부. 이 사람이야말로 모든 세대에 늘 새롭게 질문을 던지는 그런 인물 중 하나다. 그는 정녕 인간적이고 믿음이 가는 사람이다. 그것은, 그의 삶의 여정이 직선으로 평탄하게 벋어 가기만 한 것이 아니었기 때문이다. 그리고 그가 내놓은 대답이 이론으로만 그치지 않았기 때문이다. 그 뜨거운 기질로 말미암아 그는 수많은 길에 들어서 보았다. 그런 그가 결코 할 수도 없었고 원치도 않았던 일은 꼭 한 가지, 평범한 소시민의 삶에 만족하는 것이었다. 진리의 추구가 너무도 뜨겁게 그를 불태웠기 때문에,

사람들이 늘 하는 식으로 삶을 소모하기란 애초에 불가능했다. 신앙인으로도 그랬지만 신앙인이 아닐 때도 그랬다. 그리하여 그는 인간 실존의 거의 모든 가능성을 몸소 겪어 보았다. 참된 기준을 탐색하고 진리 자체에 대해 질문하는 일을 단 한 순간도 멈추지 않았다. 그의 신학은 책상머리에서 탄생한 것이 아니었다. 그것은 모험으로 가득 찬 삶의 험난한 여정에서 고통과 함께 익어 간 것이었다.

줄리아노 비지니는 이 책에서 간결하고도 핵심을 찌르는 묘사로 이 위대한 인물의 삶과 언어를 펼쳐 보인다. 원전에 대한 깊은 지식으로 정확하고 투명하게 본질을 짚어 낸다. 그래서 독자는 매 구절을 읽으면서 아우구스티누스의 삶의 여정을 따라갈 수 있게 된다. 그의 인생 곡절을 따라가면서 그 심중心中에 생긴 사건을 이해할 수 있게 된다.

아우구스티누스의 삶은 그저 사건들의 연속으로만 이루어진 게 아니다. 구석구석이 다 진리와 앎, 그리고 이해를 향한 긴장으로 점철되어 있다. 그렇기에, 이 책에서 그의 생애는 그의 위대한 작품들에 대한 설명과 시종일관 연결된다. 말하자면 그의 작품이 바로 그의 삶이다. 삶의 사건들을 통해 전개된 것이 바로 그의 저술 안에서 정돈되고 모습을 얻는다.

줄리아노 비지니는 다른 저자들과 달리 『아우구스티누스 규칙서』의 설명에 큰 비중을 두고 있다. 옳은 선택이라고 생각한다. 일반적으로 아우구스티누스의 전기들은 특출한 철학자요 신학자로서의 면모에 지나치게 비중을 둔다. 그 결과, 그는 고독한 사색가, 생각하고 글을 쓰는 '교사'의 모습으로 나타난다. 그러나 정작 아우구스티누스 자신의 인생관은 이와 달랐다. 회심이 그토록 고통스러웠던 것은 무엇보다, 그리스도인이 된다는 것이 '철학적 삶'Vita philosophica에 몸 바치는 것이라 믿었기 때문이다. 그리고 그에게 '철학'은 위대한 사상가의 고독한 작업이 아니라 삶의 실천 방식이었다. 그는 신앙이야말로 참된 철학이란 사실을 알아차렸다. 그런 그였기에, 그리스도인이 된다는 것은 복음의 방식에 따라 신앙으로 특징지어지는 삶을 사는 것이었다. 다시 말해 예수 그리스도의 제자들이 살던 방식으로 사는 것이었다. 그러므로 그에게 '철학적 삶'이란, 복음 권고를 따르면서 진리를 알고 또 사는 데 명운을 거는 공동체 생활에 투신하는 것에 다름 아니었다.

어쩔 수 없이 받아들여야만 했던 사제 서품과 주교 서품으로, 그는 이런 생각을 다소 고칠 수밖에 없었다. 주교로서의 직무 수행이, 미처 예견하지 못했던 짐을 그의 삶에 부과했기 때문이다. 그럼에도 근본에서는 생각이 바뀌지 않았다. 그는 특유의 독창적인 방식으로 주교 직무와 수도승생활을 결합했다. 그리하여, 사람들이 보통 평가하는 그 이상으로, 아우구스티누스는 성 베네딕도와 함께 서방 수도승생활의 명실상부

한 사부(師父)로 우뚝 서 있다. 이를 간과하면 아우구스티누스를 제대로 이해할 수 없다. 이 점을 잘 강조해 준 것이 줄리아노 비지니의 공헌이다.

이 책이 많은 이에게 아우구스티누스와 친구가 되는 길을 열어 주기를 바란다. 그리고 이 위대한 교부의 메시지를 새로이 경청하는 데 도움이 되기를 바란다.

요제프 라칭거

머리말

아우구스티누스의 생애와 작품에 관한 수많은 책들이 전 세계에서 꾸준히 출판되고 있다. 그 종류도 연구서와 전문 서적을 비롯하여 평전이나 입문서, 참고 자료들에 이르기까지 다양하다.

아우구스티누스의 회심과 세례 1600주년(1986~1987년)을 기념한 학술 발표회와 전시회 등 다양한 행사들이 이 풍성한 연구에 큰 원동력이 되었다는 데는 의심할 나위가 없다. 교황 요한 바오로 2세도 교황 교서 「히포의 아우구스티누스」Augustinum Hipponensem[1]를 발표하여 아우구스티누스의 모범에 특별한 관심을 모아 냈고, 그 가르침을 심화하도록 독려했다.

---

[1] 「히포의 아우구스띠노」 이형우 옮김 『사목』 119 (1988) 한국천주교중앙협의회 96-106; 「히포의 아우구스띠노 II」 이형우 옮김 『사목』 120 (1988) 한국천주교중앙협의회 124-136 — 역자 주.

그러나 이런 특별한 계기를 굳이 떠올리지 않더라도 아우구스티누스는 한결같은 자리에 우뚝 버티고 서서 끊임없는 반향을 불러일으켜 왔다. 고전 대가들의 경우가 그러하듯, 아우구스티누스가 남긴 엄청난 저술에 대한 탐구는 끝이 없고, 탐험가들에게 늘 새로운 지평을 열어 준다.

요사이 출간된 수많은 비평본들이 이를 증언한다. 요한네스 디비약Johannes Divjak이 새롭게 찾아낸 편지들, 프랑수아 돌보François Dolbeau가 발굴한 새로운 설교들도 출간되었다.² 『아우구스티누스 대사전』Augustinus-Lexikon(1986~)처럼 방대한 전문 대사전이 편찬되고 있고, 피츠제럴드Allan D. Fitzgerald가 펴낸 『아우구스티누스 사전』Augustine through the Ages(1999)이 출간되어 널리 활용되고 다양한 언어로 번역되고 있다.³ 아우구스티누스 평전 가운데 고전으로 평가받는 피터 브라운의 작품 『히포의 아우구스티누스』Augustine of Hippo: A Biography(1967/2000)⁴의 틀을 바꾼 세르주 랑셀의 걸작 평전도 1999년에 출간되었다.⁵

---

² 참조: *Le lettere. Supplemento*, Luigi Carrozzi (tr. & ed.) Roma 1992; *Discorsi nuovi*, Vincenzo Tarulli (tr.) Roma 2001~2002, 2 voll.

³ 스페인어(2001년), 프랑스어(2005년), 이탈리아어(2007년)로 번역되었다.

⁴ 2000년에 증보판이 나왔고, 이탈리아에서는 2005년에 번역 출간되었다. 한국에서는 1992년에 초판이 번역 출간되었으나(피터 브라운 『어거스틴의 생애와 사상. 히포의 감독』 차종순 옮김, 대한예수교장로회총회출판국 1992), 증보판은 한국어 판권을 독점 계약한 새물결출판사에서 펴냈다(피터 브라운 『아우구스티누스: 격변의 시대, 영혼의 치유와 참된 행복을 찾아 나선 영원한 구도자』 정기문 옮김, 새물결 2012) — 역자 주.

이처럼 권위 있는 연구 결과들이 넘쳐 나는 마당에, 새로운 평전을 쓴다는 것이 괜한 일이라고 주장하는 사람들도 있다. 그러나 여러 해에 걸쳐 아우구스티누스의 저술과 연구서들을 읽으면서 내게 든 생각은, 똑같은 이야기라 할지라도 새로운 해석학을 통해 그 역사를 내적으로 체험하고 전할 수 있다는 것이다. 이미 논의된 내용에서 한 걸음 더 나아가 그 인물의 발자취를 더듬어 보고, 섬세한 감성과 삶의 방식을 살펴보려는 것이 이 책의 목적이다.

할 수만 있다면, 아우구스티누스의 위대한 모습을 이 책의 낱장마다 사진 찍듯 간결하게 담아 되살려 내고 싶다.

아우구스티누스의 작품을 다시 읽어 내려가고 그 시대 상황을 되새기노라면, 세월 속에서도 고스란히 남아 있는 그의 지적·영적·인간적 활동이 그 모습을 드러내고, 아우구스티누스의 풍요로운 메시지와 열정이 생생하게 되살아난다. 서양 사상사에서 아우구스티누스는 고대 문명의 계승자라는 중심 역할을 맡고 있다. 철학 이념과 고전 세계의 가치를 해석해 내고 이어 나간 인물이면서, 그리스도교 문명의 새로운 지평을 열어젖힌 선구자이기 때문이다. 신학의 역사와 성경 주석사의 대들보인 아우구스티누스의 작품들은 하느님 개념을

---

[5] SERGE LANCEL, *Saint Augustin*, Paris 1999.

심오하고 창의적인 방식으로 소개한다. 영성사와 종교사에서도 아우구스티누스가 남긴 말과 증언은 교회 생활뿐 아니라 신자들의 개인 신심을 키우는 데 원천과 본보기가 된다.

아우구스티누스의 독창성은 그가 수많은 길의 교차점에서 독특한 발자취를 남겨 놓았다는 데 있다. 그는 자신의 인품과 작품을 통해 치열하고 생동감 넘치는 가르침을 종합적으로 표현하고 있다.

진리를 향한 열정, 애틋한 사랑, 평화의 갈망으로 가득 찬 인간적 탐구와 지적 노력 — 아우구스티누스의 가장 중요한 메시지는 바로 이런 것들로 빚어졌다. 이것이 바로, 찾아내기 위해 추구하고 다시금 추구하기 위해 찾아 나서도록 아우구스티누스를 밀어붙이는 가치이며 최고선이다. 그는 더 높은 진리와 지혜로 올라가기 위해 극기하고 하심下心하려는 뜨거운 염원을 한평생 지니고 살았다.

철학적 사색에 머물러 있던 이 탐구의 여정에 하느님의 지평이 열리면서, 무르익은 신학적 성찰과 살아 있는 신앙이 상봉하게 된다. 하느님의 신비와 내적 생활에 깊이 젖어 든 아우구스티누스는 그분과 대화하고 인격적으로 만난다. 신학과 삶은 들숨날숨처럼 서로 맞물려 있다. 인간은 위대한 신비를 관상하는 정신mens뿐 아니라, 하느님을 소유하고 맛보고 누리려는 영혼anima도 지니고 있기 때문이다. 아우구스티누스가 순전한 교리 영역에만 함몰되지 않고, 인간을 만나고 계신 역사의 하느님과 더불어 인생길을 걸어간 까닭이기도 하다.

아우구스티누스는 인간으로부터 하느님께 돌아가고 하느님으로부터 인간에게 되돌아오기를 반복한다. 하느님의 구원 계획은 인간의 현실을 척도로 삼고, 인간의 심연은 하느님의 깊은 신비와 사랑을 일깨워 준다. 하느님과 인간 사이를 오가는 이 끊임없는 움직임을 통해서, 서로의 깊은 만남이 발생할 수밖에 없다. 아우구스티누스는 하느님을 개인적으로 찾고 만나는 장소인 '내면'의 가치를 높이 평가할 줄 알았다. '내적 스승'이신 그리스도 안에서 드러난 인간의 진리와 하느님의 진리는 바로 그곳에서 깨우칠 수 있기 때문이다.

그는 침묵과 관상을 통해 자기 내면을 발견했고, 정화와 기도를 통해 하느님을 찾았다. 아우구스티누스를 비롯한 소수의 사람들만 침묵과 관상의 의미를 알려 주었고, 기도의 사부가 되어 주었다. 기도의 대가 아우구스티누스는 기도에 관한 저술들도 남겼다. 비록 체계적 연구의 특성을 두루 갖추지는 않았지만 그 내용은 풍부하고 일관성을 지니고 있다. 특히 삶에서 길어 올린 그의 기도는 생생한 삶의 현장과 직결되어 있었고, 민중과 더불어 나누는 대화로 자연스레 이어졌다.

끝으로, 아우구스티누스의 가르침은 교회 감각 안에 살아 숨 쉬고 있다. 그리스도에 대한 탐구는 교회일치에 대한 탐구와 동떨어지지 않았고, 그리스도와 관련된 소임은 교회에 대한 봉사와 밀접하게 연결되어 있었다. 갈라진 형제들과 만나고 대화하는 데 지칠 줄 몰랐으며, 그리스도인들의 분열을 일치로 바꾸어 내느라 애태웠다. 아우구스티누스를 이해하려면 교회의 심장에서 그를 찾아야 한다. 온 힘을 다해 교회와 더불어 살고 교회를 살리려 했던 아우구스티누스였기 때문이다. 이 책에는 아우구스티누스가 전해 주는 친교와 사랑의 메시지가 요약되어 있고, 그의 빛이 반짝이고 있다.

줄리아노 비지니

1
모험의 시작

성 아우구스티누스는 마치 우리 곁에서 태어나 늘 함께 살았던 사람처럼 생생하게 다가온다. 그러나 4세기 인물인 그는 거의 온 생애를 아프리카에서 보냈다. 아우구스티누스가 태어난 곳은 로마제국이 오래전부터 다스리고 있던 드넓은 북아프리카 지역의 한 자락이었다.[1] 북아프리카는 아프리카 속

---

[1] 로마제국 아프리카에 관한 역사적·고고학적 연구는 STÉPHANE GSELL, *Histoire ancienne de l'Afrique du Nord*, Paris 1920~1928, 8 voll. (Osnabrück 1972²); 특히 STÉPHANE GSELL, *Atlas archéologique de l'Algérie*, Alger - Paris 1911 (Osnabrück 1973²); BRIAN H. WARMINGTON, *The North African provinces from Diocletian to the Vandal conquest*, Cambridge 1954 (Westport 1971²); GILBERT-CHARLES PICARD, *La civilisation de l'Afrique romaine*, Paris 1959; PIETRO ROMANELLI, *Storia delle province romane dell'Africa*, Roma 1959; PIETRO ROMANELLI, *Topografia e archeologia dell'Africa romana*, Torino 1970; CLAUDE LEPELLEY, *Les cités de l'Afrique romaine au Bas-Empire*, Paris 1979~1981, 2 voll.; CLAUDE LEPELLEY, *Aspects de l'Afrique romaine. Les cités, la vie rurale, le christianisme*, Bari 2001 참조. 아프리카의 그리스도교와 그 원천을 특별한 방식으로 다룬 기초 자료로는 PAUL MONCEAUX, *Histoire littéraire de l'Afrique chrétienne depuis les origines jusqu'à l'invasion arabe*, Paris 1901~1923, 7 voll.

주로, 디오클레티아누스 황제의 개혁기에 나누인 열두 개의 커다란 행정구역 가운데 하나였다. 아프리카 속주는 다시 여섯 개 지방provincia으로 나뉘었는데, 그 가운데 북아프리카의 수도였던 카르타고 지방은 총독이 머물던 가장 중요한 곳이었다.[2] 카르타고는 고대 아프리카 전통을 고스란히 간직한 아프리카 로마제국의 심장이었다.[3]

아우구스티누스는 354년[4] 11월 13일[5] 카르타고 지방의 작은 도시 타가스테[6]에서 태어났다. 타가스테는 유명한 전투들[7]

(Bruxelles 1963²)이 있다. STEFANO ANTONIO MORCELLI, *Africa christiana*, Brescia 1816~1817, 3 voll.은 고고학과 금석학을 바탕으로 고대 교회에 관하여 저술한 중요한 작품으로서, 197년부터 670년까지 로마 지방들과 주교좌들의 역사, 아프리카 교회 연대기를 재구성하였다(모르첼리에 관해서는 IDA CALABI LIMENTANI, *Il posto del Morcelli negli studi antiquari*, in *Catalogo del fondo Stefano Antonio Morcelli*, a cura di Giuseppe Vavassori, Milano 1987, 7-18 참조). 이 주제를 종합적으로 다룬 작품은 FRANÇOIS DECRET, *Le christianisme en Afrique du Nord ancienne*, Paris 1996이며, 개별 특성들을 분석한 연구서는 JANE E. MERDINGER, *Rome and the african Church in the time of Augustine*, New Haven - London 2001이다. 북아프리카의 다양한 인물들에 관한 소중한 연구서로는 ANDRÉ MANDOUZE, *Prosopographie de l'Afrique chrétienne (303-533)*, Paris 1982가 있다.

[2] 다른 지방들은 비차케나(수도 하드루메툼은 오늘날 튀니지의 수스), 트리폴리타나(수도 렙키스 또는 렙티스 마그나는 오늘날 리비아의 레브다), 누미디아(수도 키르타 콘스탄티나는 오늘날 알제리의 콘스탄티나), 마우레타니아 시티피아나(수도 시티퍼스는 오늘날 알제리의 세티프), 마우레타니아 카이사리엔시스(수도 카이사리아는 오늘날 알제리의 케르켈)이다.

[3] 칼라마의 주교 포시디우스도 아우구스티누스가 "아프리카 지방 출신"(ex provincia Africana)이라고 단순하게 소개한다(『아우구스티누스의 생애』 1,1 참조). 아우구스티누스의 제자이자 친구이며 전기 작가이기도 했던 포시디우스는 아우구스티누스와 더불어 "거의 40년 동안 따스하고 살가운 정으로"[포시디우스 『아우구스티누스의 생애』(*Vita Augustini*) 31,11: 이연학 · 최원오 역주, 분도출판사 2008, 157] 살았던 인물이다.

이 벌어졌던 바그라다 계곡,⁸ 누미디아 고원에 자리 잡고 있었다. 타가스테는 농업과 상업 도시였고, 히포와 카르타고를 이어 주고, 카르타고와 키르타·시티피스·카이사리아를 연결하는 로마 대로의 교차로였다.⁹ 타가스테는 적어도 셉티무스 세베루스 황제 때까지는 지방자치를 누렸다.¹⁰ 자치도시의 지위는 4세기까지도 보존되고 있었으며,¹¹ 주교좌도 있었다.¹²

---

⁴ 『아우구스티누스의 생애』 31,1: "그 성인께서는 … 76년의 긴 생애 가운데 …."
⁵ 아우구스티누스『행복한 삶』(De beata vita) 1,6: "나의 생일은 11월 13일이다."
⁶ 오늘날 알제리의 수크아라스인 타가스테는 안나바에서 100킬로미터 남쪽에 자리 잡고 있으며, 튀니지 국경에서는 33킬로미터 떨어져 있다. 원래 타가스테는 누미디아 지방에 속했으나, 오래전에 국경을 옮기면서 다른 지역들과 함께 카르타고 지방에 병합되었다. 아우구스티누스에 관한 전기들과 논문들에서 타가스테를 '누미디아 지역', '누미디아 시'로 부르는 것은 '고대 누미디아'라는 역사적 의미이지 아우구스티누스 당시의 행정적 의미는 아니다.
⁷ 특히 하밀카르 바르카스가 스펜디우스와 벌인 전투(기원전 240년)를 기억하라.
⁸ 오늘날 대부분 튀니지에 걸쳐 있는 영토인 메제르다이다.
⁹ 특히 PIERRE SALAMA, Les voies romaines de l'Afrique du Nord, Imprimerie officielle du Gouvernement général de l'Algérie, Alger 1951 참조.
¹⁰ 연대를 추적할 수 있는 첫 기록은 193년부터 211년까지 황제직에 있었던 셉티무스 세베루스 시절까지 거슬러 올라간다.
¹¹ 아우구스티누스도 여러 차례 자기 고향을 '자치도시'(municipium)라고 일컫는다. 『고백록』(Confessiones) 2,3,5; 4,4,7; 6,6,11; 9,8,17 참조.
¹² 아우구스티누스의 절친한 친구 알리피우스는 타가스테에서 태어났을 뿐 아니라, 나중에 그곳의 주교가 된다(395년 3월 1일).

가족

아우구스티누스의 가족은 중산층에 속했다. 아프리카 혈통이었지만 로마어를 구사했고 로마 문화를 누렸으며, 공직 생활에서 나오는 적은 수입으로 가정을 꾸렸다. 이를테면 종을 두는 호사도 누렸지만,[13] 마을 언저리의 포도밭 임대료로 생계를 꾸리는 평범한 수준의 삶을 살았다.[14] 아우구스티누스의 어머니 모니카는 탁월한 덕성을 지닌 여인이었다. 모니카는 그리스도교 가정에서 자랐고, 오랜 세월 집안일을 돌보던 늙은 하녀에게 엄격한 교육을 받았다.[15] 선하면서도 분별력을 지녔고 온유하면서도 균형 잡힌 모니카는 너그럽고 강인한 영혼의 소유자였다. 아버지 파트리키우스는 타가스테 시의원curialis이었다.[16] 그는 모니카가 혼인 적령기에 이르자마자 결혼하여[17]

---

[13] 『고백록』 9,9,20 참조.

[14] 『고백록』 2,4,9 참조. 아우구스티누스는 자신을 일컬어 "가난한 사람들에게 태어난 가난한 사람"이라고 한다(『설교집』(Sermones) 356,13). 그러나 이는 아우구스티누스가 궁핍하게 살았다기보다는 다른 가정들에 비해 소박한 가정 형편이었다는 뜻이리라.

[15] 『고백록』 9,8,17 참조.

[16] 포시디우스 『아우구스티누스의 생애』 1,1: "그분은 아프리카 지방 타가스테 시에서 시의원이자 올곧은 그리스도인이었던 부모님에게서 태어나셨다."

[17] 아우구스티누스가 태어났을 때 모니카는 스물세 살이었다. 『고백록』 9,9,19 참조; "[어머니 모니카가] 병석에 누운 지 아흐레 되던 날, 그의 나이 쉰여섯, 내 나이 서른셋 되던 해에 그 독실하고 경건한 영혼이 육신에서 풀려났습니다"(『고백록』 9,11,28).

두 아들 아우구스티누스와 나비기우스, 이름이 알려지지 않은 딸까지 세 자녀를 두었다.[18] 아버지는 다혈질에다 화를 잘 내는 성격이었지만 사랑이 많았다.[19] 침상의 부정不貞을 저지르기도 했지만 아내에게는 부드러웠다.[20] 이교도였지만 자녀의 그리스도교 교육에는 관대하고 개방적이었다.[21] 모니카는 인내와 온유로 남편 파트리키우스를 서서히 감화시킬 수 있었고, 모든 이가 경탄할 정도로 화목하고 조화로운 가정 분위기를 엮어 냈다.[22]

아우구스티누스의 첫 학교는 모니카의 모범이었다.[23] 어린 시절 말과 가르침을 통해서도 그리스도교 교육이 이루어졌지만, 기도와 사랑의 삶으로 보여 준 신앙의 증거가 결정적이었다.[24] 어머니에게 양육된 이 신앙[25]은 아우구스티누스의 마음 깊이 뿌리내려[26] 아버지 파트리키우스의 좋지 않은 영향을 이겨 내게 했으며,[27] 탈선과 오류의 어둠 속에서도 완전히 눈멀

---

[18] 전통적으로 페르페투아로 불리는 아우구스티누스의 누이에 관해서는 과부가 된 다음 히포의 여자 수도원에서 오랜 세월 봉헌된 삶을 살았다는 것만 알려져 있다. 『서간집』 211,4; 포시디우스 『아우구스티누스의 생애』 26,1 참조.

[19] 『고백록』 9,9,19 참조.   [20] 『고백록』 9,9,19 참조.
[21] 『고백록』 1,11,17 참조. [22] 『고백록』 9,8,17 참조.
[23] 『고백록』 1,11,17 참조. [24] 『고백록』 5,9,17 참조.
[25] 『고백록』 3,4,8 참조.

[26] 아우구스티누스는 "마음 깊이 꿰뚫고 들어갔다"(Medullitus implicata)고 표현한다. 『아카데미아 학파 반박』 2,2,5 참조.

[27] 『고백록』 1,11,17 참조.

지는 않게 해 주었다. 가물거리기는 했지만 신앙의 불씨는 꺼지지 않았고, 엄청난 방황 속에서도 믿음의 고리는 끊어지지 않았다.[28] 모니카는 아우구스티누스에게 그리스도교 원리를 정성껏 가르쳤다. 그 사실은 아우구스티누스가 어린 시절 세례 받기를 열망했지만 곧바로 세례를 주지 않았다는 데서 드러난다.[29] 어른이 될 때까지 세례를 미루는 것은 그 당시 흔한 일이었는데, 아마도 모니카는 집안 사정 때문에 그런 결정을 내렸을 것이다. 아버지가 아직 이교도에다 흠 없는 윤리 생활도 못하는 마당에, 신앙 생활에 그토록 중요한 성사를 아들에게 베푸는 것은 매우 위험하고 바람직하지 않다고 여겼던 것 같다. 은총과 영원한 구원 속에 아들을 다시 태어나게 하려던 모니카의 치밀한 계획을 아우구스티누스가 따르기는 했으나,[30] 훗날 모니카를 "그 어미"illa mater[31]라 부르며 애정 어린 투정을 부리기도 한다. 그때 세례가 꼭 필요했다는 확신 때문이기도 하거니와, 하느님의 보호 아래 자신의 삶을 곧추세워 굳건한 신앙으로 튼튼한 윤리 생활을 키워 가지 못한 아쉬움 때문이기도 하다. 아우구스티누스는 더 일찍감치 세례 받지

---

[28] 『고백록』 6,5,7-8 참조.

[29] 『고백록』 1,11,18 참조. 결국 아우구스티누스는 387년에 서른세 살이 되어서야 세례를 받는다.

[30] 『고백록』 1,11,18 참조.   [31] 『고백록』 1,11,17 참조.

못한 일을 단순히 영세領洗의 기회를 놓친 사건 정도로 여기지 않고, 자기 인생에서 악에 굴복하여 휘청거리기 시작한 계기로 받아들인다.

어린 시절

아우구스티누스가 어린 시절을 쓰라리게 기억하는 것이 세례를 미룬 탓만은 아니다. 활기차고 의욕 넘치는 품성을 지닌 어린 아우구스티누스는 종종 억압과 한계에 부딪쳐 괴로움을 겪는다. 학교 공부 때문에 육체적 고통(체벌)과 정신적 고통(어른들의 비웃음)의 시간을 견뎌야 했다.[32] 훈육이 불의하게만 느껴졌다. 인격을 성숙시키는 가치 있고 조화로운 도구라기보다, 그릇된 목적을 지닌 통제와 억압으로 다가왔다. 오히려 노는 데 큰 재미를 붙여 종종 공부를 소홀히 했다.[33] 엄격한 체계와 교육 규정으로 이루어진 학업은 그리 큰 관심을 끌지 못했을뿐더러, 지식에 대한 살아 있는 열망을 채워 주지 못했기 때문이다. 아우구스티누스가 지닌 호기심과 지성과 감수성은 사슬에 묶이고 틀에 갇혀 버렸다. 그가 꿈꾸던 세상은 학교와

---

[32] 『고백록』 1,9,14 참조.
[33] 『고백록』 1,9,15; 1,10,16 참조.

주변 여건이 감당할 수도 없었고, 이루어 줄 수도 없었다. 끝없는 긴장과 심각한 부조화는 그를 질식시켰다. 그 아픈 기억은 꽤 오랜 세월이 지난 뒤에도 아물지 않았다. 옛 상처의 무게는 오래 그의 짐이 되었다. 더군다나 그는, 하느님께서 바로잡으시는 교육은 무질서한 악행마저 마침내 선으로 바꾸어 내고야 만다는 사실을 아직은 알지 못했다.[34]

아우구스티누스는 학교교육의 숨 막히는 단조로움 속에서 어린 시절을 보냈다. 읽기 · 쓰기 · 셈하기를 뛰어넘어 근원적 학습 동기를 불러일으키는 깊이 있는 교육이 아니었던 것이다. 그러나 학업 성취도에서 아우구스티누스는 모범생이었고, 이는 장차 이루어질 많은 일들의 토대가 된다.[35]

초등학교를 졸업했으나, 타가스테에는 중학교가 없었기 때문에 마다우라[36]에 가서 공부를 계속했다. 마다우라는 타가스테에서 남쪽으로 25킬로미터 떨어져 있었다. 교통의 요충지에서 동떨어진 작은 고을이지만, 학술과 문화의 중심지로 명

---

[34] 『고백록』 1,12,19 참조.

[35] 『고백록』 1,16,26 참조.

[36] 사전과 지도에는 '마다우라'와 '마다우로스'보다 '마다우로'라는 지명이 더 자주 나온다(이탈리아어를 기준으로 한 저자의 주장과는 달리, 라틴어뿐 아니라 현대 서양 언어에서는 '마다우라'가 보편적으로 사용되는 지명이므로 '마다우라'로 번역했다. 한국교부학연구회, 하성수 엮음 『교부학 인명 · 지명 용례집』 분도출판사 2008, 481 참조 — 역자 주). 수많은 비문에 따르면 옛 지명 마다우라는 오늘날 므다우루쉬(Mdaourouch)다. 안나바 테베사 대로에서 8킬로미터 떨어진 마다우라 근처 아름다운 언덕에는 0.2제곱킬로미터에 걸쳐 유적들이 흩어져 있다.

성이 자자한 곳이었다. 저술가 아풀레이우스가 태어난 곳이며, 문법학자[37] 막시무스가 활동한 곳이라는 사실이 그 명성에 한몫을 했다. 이 막시무스는 훗날 아우구스티누스와 만나고 편지를 주고받게 된다.[38]

마다우라

가정과 타가스테 학교에서 라틴어를 익힌 다음 마다우라에서 4년 동안(365~369년) 공부하면서 라틴어 실력을 갈고닦은 아우구스티누스는 라틴 문화의 위대한 저술가들을 만나게 된다. 아스페르, 코르누투스, 카리시우스, 디오메데스, 특히 4세기 문법학자들 가운데 가장 유명한 아일리우스 도나투스의 작품을 통해 문법을 배우고 친숙해졌을 터다. 학교에서는 모든 문장을 꼼꼼히 분석하여 고전 문헌의 가르침에 비추어 언어적 오류와 시적 기교를 살폈다. 그런 다음 권위 있게 전수된 과

---

[37] '문법학자'(grammaticus)는 '읽기쓰기 교사'(litterator), '놀이 교사'(ludi magister), '초등 교사'(primus magister)의 초등교육에 이어 문장을 가르쳤고, '수사학자'(rhetor)가 맡게 될 수사학 공부를 준비시켰다(제4장 각주 2 참조).

[38] 389년 또는 390년경에 이교도 막시무스는 회심한 아우구스티누스에게 보낸 편지의 한 대목에서 아우구스티누스를 일컬어 "그대는 나의 학교에서 떠나간 훌륭한 사람"[『서간집』(*Epistulae*) 16,4]이라고 한다. 그러므로 아우구스티누스가 막시무스의 제자였거나 적어도 막시무스가 그리 여겼다는 가설은 타당하다.

거의 유산을 그 바탕으로 삼아 올바른 언어 규범을 설정했다.

통상 테렌티아누스 마우루스(2세기)의 교재로 운율학과 더불어 진행된 문법 교육은 아우구스티누스 안에 지워지지 않는 흔적을 남겨 놓았다. 이는 아우구스티누스 저술들의 개념이나 형식과 문체에서 다양하고도 분명하게 드러난다.[39] 라틴어 지식은 독서, 암기, 본문 분석과 본문 비평, 특히 라틴문학의 두 기둥인 베르길리우스와 키케로와 같은 고전 주해와 밀접하게 연관되어 있었다.

아우구스티누스는 끊임없는 위협과 체벌로 하릴없이 고생하면서도, 마다우라에서 초급 그리스어도 뗐다.[40] 지긋한 나이(400년에서 415년 사이)에 성경 그리스어를 제법 익히기는 했지만, 아우구스티누스는 그리스어에 전혀 친밀감을 느끼지 못했다. 사실, 그리스어는 4세기 말부터 서양 문화에서 사라지고 있던 언어였다.[41]

---

[39] 이러한 교육 방식에 관해서는 HENRI-IRÉNÉE MARROU, *S. Agostino e la fine della cultura antica* (*Saint Augustin et la fin de la culture antique*, Paris 1938), a cura di Costante Marabelli e Antonio Tombolini, trad. di Mimmi Cassola, Milano 1987, 34-36 참조.

[40] 『고백록』 1,13,20; 1,14,23 참조.

[41] 그리스어에 관한 모든 문제에 관해서는 MARROU, *op. cit.*, 45-59와 후속작 *Retractatio*, 481-486; PIERRE COURCELLE, *Les lettres grecques en Occident de Macrobe à Cassiodore*, Paris 1948², 137-209 참조.

청년 시절

열일곱 살 청년 아우구스티누스는 아슬아슬한 인생 무대에 들어선다. 타가스테로 돌아온 그는 한 해 동안 하는 일 없이 빈둥거리며 지내야만 했다. 카르타고에서 공부를 계속하려면 아버지 파트리키우스가 유학 비용을 마련할 때까지 기다려야 했기 때문이다.[42] 대부분의 시간을 친구들과 어울려 노닥거리며 보낸 그해는 별일 없이 지나갔다. 그러나 윤리적으로 서서히 해이해지면서, 육체적으로나 성적으로 한창 성장하고 있던 그는 감각적인 것에 굴복하기 시작했다.[43] 운명은 아우구스티누스에게 자유의 쾌감을 맛보게 해 주었고, 그는 그 열락悅樂을 속속들이 맛보았다. 자신에게 덧씌워진 규율의 둑을 허물었고, 사랑과 우정에 빠져들었다. 충동과 감성을 절제 없이 토해 냈고, 과수원에서 배를 잔뜩 훔친 일화[44]가 전해 주듯 과시욕과 지배욕이 거침없이 드러나기도 했다.

이런 행동에는 청년기 발달 과정의 특징이 엿보인다. 아우구스티누스가 드러낸 반항과 갈등, 불안과 모순은 자신뿐 아니라 다른 이들에게도 자기 정체성을 인정받고 싶은 열망의

---

[42] 『고백록』 2,2,5 참조.

[43] 『고백록』 2,3,6 참조.

[44] 『고백록』 2,4,9 참조. 이 일화에 관한 상징적 해석에 관해서는 *Confessioni*, Cinisello Balsamo 2001, 435의 주해 참조.

표현이었다. 감각적 혼란에 빠진 그에게 필요했던 것은 든든하고 균형 잡힌 길잡이였다. 자기 행동을 다스리고 성숙한 애정을 지닐 수 있도록 단계적으로 이끌어 줄 안내자가 절실했다. 그러나 아버지도 그런 길잡이는 되어 주지 못했을뿐더러, 음행과 간음을 저지르지 말라고 끊임없이 걱정하며 애원하던 경건한 어머니도 그 역할을 해 주지는 못했다.[45] 아우구스티누스는 결혼이 성년의 충동에 둑을 쌓아 주리라 생각했지만 그마저도 여의치 않았다. 결혼이 아들의 학문을 가로막거나 방해할세라 염려하는 부모 때문이었다. 동기는 달랐지만 파트리키우스도 모니카도 아들에게 큰 기대를 걸고 있었다.[46]

카르타고

371년, 이런 소용돌이 속에서 아우구스티누스는 카르타고에 가기로 결정했다. 타가스테의 부자 친구 로마니아누스는 아우구스티누스가 공부를 계속할 수 있도록 유학 경비를 너그럽게 떠맡아 주었다. 부강한 카르타고는 아직 과거의 영광을

---

[45] 『고백록』 2,3,7 참조.
[46] 『고백록』 2,3,8 참조. 아우구스티누스가 두 번째이자 마지막으로 어머니를 비난하는 대목인데, 첫 번째는 자신의 세례를 미루었다는 이유였고, 두 번째는 자신의 결혼에 동의하지 않았기 때문이다.

상당히 보존하고 있었다. 더 이상 아프리카 대륙에 있는 '제2의 로마' 구실은 못하지만, 상업과 교통으로 번성하고 4세기에 다시 짓거나 고친 건물들이 넘쳐 나는 대도시였다.[47] 그리고 유명한 학교들과 권위 있는 교수들이 포진해 있었다.

카르타고는 아우구스티누스에게 새로운 세계로 향하는 문을 열어 주었다. 여기서 그는 인생의 결정적 전환점을 맞게 된다. 흐느적거리는 도시의 유혹은 혼란을 가중시키고 윤리적 저항력을 약화시켰다. 새로운 것과 금지된 것이 지닌 매력은 '불순한 사랑의 이글거리는 불꽃'[48]과 자극적인 연극[49]으로 일찌감치 그를 끌어들였다. 그만큼 그의 성적 충동은 강렬해졌고, 심지어 교회 안에서까지 끊임없이 부정한 욕정에 사로잡힐 정도로 통제력은 약해져 있었다.[50] 악습의 소용돌이에서 양심의 가책을 느낀 그는 나름대로 대안을 모색했다. 한 여인에게서 감성적 도피처와 육체적 만족을 찾기로 한 것이다. 아마도 그 여인과는 안정적인 '동거'concubinatus 형식으로 점잖게 지냈던 것 같다. 그 당시 동거는 법적 혼인을 전제하지 않고서도 받아들여지고 존중받던 타협책이었다.[51] ▶ 아우구스티누

---

[47] 고고학적 연구에 관해서는 GILBERT-CHARLES PICARD, *La Carthage de saint Augustin*, Paris 1965 참조.

[48] 『고백록』 3,1,1 참조.

[49] 『고백록』 3,1,2 참조.

[50] 『고백록』 3,3,5 참조.

스는 동거 생활을 통하여 흘러넘치던 사랑의 열정을 제어할 수 있게 되었고, 애정 생활에서 균형추를 지니게 되었다.

아우구스티누스는 14년 동안이나 애틋한 사랑을 주고받았던 그 여인 사이에서 아들을 낳아 아데오다투스라는 이름을 붙여 주었다(372년). 생각지도 못한 아들의 탄생이 한편으로는 더 많은 어려운 문제들을 불러일으켰을지라도, 다른 한편으로는 아우구스티누스를 성숙하게 만들었고, 더 큰 책임 의식을 심어 주었다. 가정을 꾸리게 된 아우구스티누스는 정상적인 감성의 궤도에 올라섰을 뿐 아니라, 덜 흐트러진 삶을 살 수 있게 되었다. 특히 공부에 집중할 수 있게 되었는데, 카르타고에 유학까지 왔으니 부모가 기대하는 열매를 공부에서 거두어야만 했다.

키케로의 『호르텐시우스』

카르타고 수사학 학교에서는 출세 가도를 달리게 해 줄 수사학을 배웠다. 아우구스티누스 시대에 남아 있던 수사학은, 그

---

[51] 이 주제에 관해서는 특히 TARSICIUS VAN BAVEL, *Augustine's view on women*, in «Agostiniana» 39 (1989) 5-53과 KIM J. POWER, *«Sed unam tamen»*, *Augustine and his concubine*, in «Augustinian studies» 24 (1993) 49-76 참조.

리스 사회와 로마 공화정 사회에서 그랬듯이 현자들의 심오한 실천적 이상을 담아내는 그런 학문이 아니었다. 이제 수사학은 장황하고 세속적인 웅변술이 되어 버렸고, 공식 연설이나 기념사, 축사나 문예 경연에 사용되었다. 그리하여 수사학은 따분하고 틀에 박힌 공식으로 변질되었고, 키케로를 최고의 본보기로 내세우는 고전들마저 그 독창성과 풍요로움을 잃어버렸다. 기교 면에서는 매끄럽고 세련된 말장난으로 전락했고, 내용 면에서는 헛되고 공허한 찬사와 형식적이고 현학적인 암시로 가득 찼다.

카르타고 수사학 학교의 교육 방식이 아우구스티누스의 지적·문학적 양성에 폭넓은 영향을 끼치기는 했으나 결정적 구실을 하지는 못했다. 오히려 핵심 토대는 놀라운 철학적 발견을 통해서 마련되었다. 키케로의 작품 『호르텐시우스』*Hortensius*[52]가 아우구스티누스를 철학으로 이끌어 주었던 것이다. 키케로는 이 책을 팔라티노에 있는 자기 집에서 툴리아의 아들인 조카의 탄생을 기다리면서 저술했다(기원전 45년 1월). 자신이 집필하려던 철학 '총서'corpus 입문으로 활용할 생각이었다.

---

[52] 참조: MICHEL RUCH, *L'Hotensius de Cicéron. Histoire et reconstitution*, Paris 1958; ALBERTO GRILLI, *M. Tulli Ciceronis Hortensius*, Milano - Varese 1962; LAILA STRAUME-ZIMMERMANN / FERDINAND BROEMSER / OLOF GIGON (edd.), *Hortensius-Lucullus-Academici libri*, München - Zürich 1990 (특히 끝부분 *Hortensius. Versuch einer Rekonstruktion*, 327-370).

지금은 『호르텐시우스』의 단편 수백 조각만 남아 있을 따름이지만, 이 철학적 대화의 내용과 사상의 대략적 윤곽을 잡기에는 충분하다. 이 작품은 기원전 62년경 키케로와 호르텐시우스, 루타티우스 카툴루스, 루쿨루스가 투스쿨룸에 있는 루쿨루스의 별장에서 나눈 철학적 대화다.

이 대화는 역사학·시학·수사학과 같은 다양한 지성 활동에 대한 찬사로 시작되는데, 카툴루스는 이 모든 것 가운데 가장 중요하고 효과적인 것이 철학이라고 여겼다. 호르텐시우스는 이 견해에 맞서서 철학자들의 사상은 모호하고, 그들이 제기하는 의심에는 일관성이 없으며, 그들의 생각은 실생활과 동떨어져 있다고 했다. 호르텐시우스의 이 주장을 반박하기 위해 키케로가 끼어드는데, 철학이란 지적 교육의 완성이며 공적 생활 자체를 구성하는 원리임을 강조한다. 이 대화에는 철학을 권고하는 이야기가 이어지는데, 이는 아리스토텔레스의 『권고』*Protreptikos*에서 영감을 받은 것이다. 키케로는 모든 사람이 행복을 추구하지만 정작 행복에 이르는 사람은 적다는 사실에서 출발한다. 인간이 추구하는 모든 가치와 열망이 행복의 원천인 참된 선을 발견하도록 이끌어 주지는 않기 때문이다. 의지가 철학의 빛을 받지 않으면, 종종 돌이킬 수 없는 손실을 불러오는 부와 권력과 명예를 붙좇다가 하루살이 인생 여정에서 길을 잃고 만다는 것이다. 철학은 악에서 멀어지게 하고, 비참함에서 일으켜 주며, 행복을 낳는 더 높은 곳으로 나아가도록 흐트러진 욕망과 쾌락을 끊어 버리게 해 주기 때문이다. 철학은 인간으로 하여금 선한 것과 참된 것을 알게 하고 덕을 닦게 하는 근본 학문이다. 온전하고 완전한 인식은 하느님 안에서만 가능하다. 그러나 부분적 인식일지라도 찾아 나선다는 것 자체가 이미 행복을 향한 발걸음이며, 신적인 것과 연결 다리를 놓아 죽음 너머의 삶을 준비시킨다는 것이다.

『호르텐시우스』에 담겨 있는 이 철학적 권고는 가슴 벅찬 확신으로 다가와 아우구스티누스를 사로잡아 버렸다. 아니, 아우구스티누스는 그때부터 전적으로 철학에 투신하기로 결심한다.[53] 카르타고 유학 삼 년째에 만난 키케로의 『호르텐시우스』는 수사학의 빼어난 본보기를 마련해 주었을 뿐 아니라, 훗날 많은 열매를 맺게 될 윤리적·종교적 심화 작업의 출발점이 되었다.[54] 그 당시 아우구스티누스는 키케로의 '정신'을 받아들이지도 — 나중에는 받아들이지만 —, 키케로의 지성과 회의주의에 끌려 다니지도 않았다. 아우구스티누스는 『호르텐시우스』를 읽되 그 본문 너머를 볼 줄 알았고, 읽은 바를

---

[53] 『행복한 삶』 1,1,4 참조.

[54] 아우구스티누스와 키케로의 관계와 그 영향에 관해서는 MAURICE TESTARD, *Saint Augustin et Cicéron*, Paris 1958 참조.

자신의 영적 상태에 맞추어 나갔다. 자유혼으로 불타는 이상적인 삶을 간절히 추구하던 아우구스티누스는 가느다란 빛줄기를 찾아냈다. 언젠가 큰 빛으로 바뀌게 될 그 빛줄기는 다름 아닌 철학, 곧 지혜에 대한 사랑이었다.[55]

그 책에는 비록 그리스도라는 이름은 없었으나[56] 아우구스티누스의 혼에 불을 놓아 그의 애정affectus을 바꾸어 놓았고, 지상 사물과 맺어 온 관계와 이승의 희망마저 변화시켰다.[57] 새로운 사상과 새로운 열망에 사로잡힌 아우구스티누스는 내면세계를 깊이 사색하고 성찰하면서 자신과 자신의 소명을 이해하기 위해 더욱 힘썼다.

---

[55] 『아카데미아 학파 반박』(*Contra Academicos*) 1,1,3; 『고백록』 3,4,8 참조.
[56] 『고백록』 3,4,8 참조.
[57] 『고백록』 3,4,7 참조.

2
신기루

아우구스티누스는 『호르텐시우스』를 읽고 심리적 성숙과 지적 성장의 동력을 얻는다. 묵직한 삶의 문제들 앞에서 젊은이다운 열정과 이상理想으로 세상과 인간을 알고 이해하고 싶어 했지만, 아직은 혼란스럽고 그릇된 방식으로 바라볼 따름이었다.

의심스러운 문제들에 대한 답을 얻고자 우선 성경에서 도움을 찾을 작정이었으나 크게 실망하고 말았다.[1] 성경 해석을 위한 올바른 열쇠를 지니고 있지 않았기 때문이다. 하느님 말씀은 이해할 수 없는 신비에 싸여 있었고 도무지 이치에 맞지 않아 보였다.[2] 아우구스티누스는 성경에서 신앙 메시지를 찾으려 했던 것이 아니라, 수학적으로 확실한 이성에 바탕을 둔

---

[1] 『고백록』 3,5,9 참조.
[2] 『고백록』 3,5,9 참조.

우주관과 인생철학을 찾을 셈이었다. 자신을 지탱해 줄 합당한 종교적 소양도 없이, 이성만으로 형성된 비판적 시각을 지닌 아우구스티누스는 성경 내용을 꿰뚫어 볼 수 없었다. 성경을 훑어보고 토론하기도 했으나 성경 안은 들여다보지 못했다. 설명해 주는 이성보다는 비추어 주는 신앙이 필요했기 때문이다. 지독한 이성주의가 신비의 문턱에서 그를 멈추어 서게 했고, 초월적인 그 무엇이 기다리고 있는 곳으로 더 이상 나아가지 못하게 했다. 설령 그 신비 안에 떠밀려 들어갔더라도, 휘청거리는 발걸음으로 방향을 잃고 헤매다 금세 어둠에 갇혀 버리고 말았을 터다. 성경 본문의 몇몇 대목은 아우구스티누스로 하여금 성경에서 멀어지게 할 만큼 심한 거부감을 주었고, 키케로의 품위 있고 아름다운 라틴어에 비해 조잡하기 짝이 없어 보이는 라틴어 번역 성경은,[3] 성경을 그저 도구로만 여기고 있던 아우구스티누스에게 거룩한 책을 내팽개칠 빌미를 주었다.

---

[3] 『고백록』 3,5,9 참조. 여기서 아우구스티누스가 말하는 키케로의 아름다움이란 순수 미학적 측면을 뛰어넘어 더욱 내면적인 가치를 가리킨다. 내적 조화 속에서 펼쳐지는 질서 정연한 정신의 움직임을 한결같이 유지하는 것이 이른바 키케로의 아름다움이다. 아우구스티누스가 성경과 대비하여 말하는 키케로의 '품위'(dignitas)란 언어와 문체의 관점뿐 아니라 더 근본적인 차이점을 분명히 보여 준다. 곧, 성경은 기초 방법론에서부터 논리적 결함을 지니고 있으며, 논의 전개 과정도 이해하기 어렵고, 수사학 고전 규칙의 틀을 뒤흔들어 놓았다는 것이다. ALBERTO PINCHERLE, *Vita di Sant'Agostino*, Roma - Bari 1984, 19-20 참조.

'지혜에 대한 사랑'(철학)으로 불타오르면서도 성경의 더 위대한 지혜를 맞아들일 줄 몰랐던 아우구스티누스는, 교리교사를 청하거나 모호하고 모순적인 성경 대목에 관한 의혹을 풀어 줄 도우미를 청할 만큼 겸손하지 않았다.

갑작스레 신기루처럼 태어난 세상은 실망으로 무너져 내렸다. 그 과정은 놀랍도록 짧았다. "며칠 지나지 않아"[4] 아우구스티누스는 어릴 적 신앙의 권위를 저버리고, 마니교의 속임수에 넘어간다. 마니교도는 선교 정신과 세계 정신을 지닌 새로운 종교의 추종자들로서, 다양한 종교 전통의 영향력 있는 요소들을 변형하여 자신들 나름의 교리 체계로 종합했다. 아우구스티누스는 마니교에 빠짐으로써 영적 인생사에서 결정적 전환점을 맞는다. 이를 이해하기 위해서는 마니교라는 종교현상의 기원을 간단히 살펴볼 필요가 있다.[5]

---

[4] 『두 영혼』(*De duabus animabus*) 1,1 참조.

[5] 마니교의 일반적 특성에 관해서는 HENRI-CHARLES PUECH, *Le manichéisme, son fondateur, sa doctrine*, Paris 1949; MICHEL TARDIEU, *Le manichéisme*, Paris 1997²(미셸 따르디외 『마니교』 이수민 편역, 분도출판사 2005); UGO BIANCHI, *Antropologia e dottrina della salvezza nella religione dei manichei*, Roma 1983 참조. 마니교의 역사와 교리에 관한 중요한 연구는 FRANÇOIS DECRET, *L'Afrique manichéenne (VIᵉ-Vᵉ siècles). Étude historique et doctrinale*, Paris 1978, 2 voll.; FRANÇOIS DECRET, *Essais sur l'Église manichéenne en Afrique du Nord et à Rome au temps de Saint Augustin*, Roma 1995; 매우 유용한 마니교 문헌 모음집으로는 *Il manicheismo*, a cura di Aldo Magris, Brescia 2000 참조.

마니의 사명

마니교의 창시자 마니[6]는 아우구스티누스뿐 아니라 고대의 많은 사람들에게 빼어난 예언자요, 앎의 스승이며, 해방자로 비쳤다. 216년 바빌로니아에서 태어난 마니는 어린 시절과 청년기, 곧 네 살부터 스물네 살까지 메소포타미아 남부의 엘카사이파[7] 공동체에서 보냈다. 이 공동체는 유대계 그리스도교 전통에 튼튼히 뿌리내리고 있었다. 마니는 이 공동체에서 첫 양성을 받았으며 예언자의 소명을 느꼈다. 열두 살이 되던 해 '빛의 나라 임금'이 보낸 천사에게 첫 '계시'를 받았는데, 이 천사는 예수님이 말한 보호자 성령(요한 14,26 참조)의 모습이었다. '쌍둥이 동료'인 이 천사는 마니가 죽는 날까지 언제나 그를 인도하고 보호하며 그 안에 살리라고 했다. 천사는 마니가 공동체에서 갈라져 나와 온갖 더러움을 멀리하도록 권고하면

---

[6] 마니의 청년기와 그의 소명, 마니교의 형성 과정을 알려 주는 소중한 원천 자료와 증거들이 1900년대에 발굴되었다. 그 가운데 특히 1969년 이집트에서 발견된 작은 그리스어 두루마리(*Codex Manichaicus Coloniensis*, 4~5세기, 3.8 x 4.5cm)는 결정적으로 중요하다. 이 두루마리의 공인본은 루트비히 쾨넨과 코르넬리아 뢰머의 편집본(Ludwig Koenen & Cornelia Römer, Bonn 1985)을 참조하고, 그 문제점들에 관한 연구는 국제 학술 대회(Rende - Amantea, 1984년 9월 3일~7일) 자료집 *Codex Manichaicus Coloniensis*, a cura di Luigi Cirillo, Cosenza 1986을 참조하라.

[7] 창설자 엘카사이의 이름에서 유래한 집단이다. LUIGI CIRILLO, *Elchasai e gli elchasaiti*, Cosenza 1984 참조.

서도, 아직 '드러날' 때가 이르지 않았으니 기다리고 있으라고 일러 주었다. 두 번째 결정적 계시는 242년 혹은 243년에 있었다. 드디어 마니의 때가 왔고, 세상에 진리를 선포하도록 주님이 선택하셨음을 천사가 알려 주었다는 것이다.

이 과업을 수행하기 위하여 마니는 자기보다 먼저 살다 간 다른 권위 있는 '하느님의 사도들'(석가, 조로아스터, 특히 예수 그리스도)이 물려준 메시지를 한데 모았다. 그러나 마니가 느낀 사명은 그들의 업적을 계승하는 데 그치지 않았다. 그는 인류에게 파견된 마지막 위대한 예언자로서 그 일을 완성해야 할 사명감을 지니고 있었다. 진리의 영을 모든 백성 앞에서 충만하게 선포함으로써 계시를 실현할 사자(使者)라고 생각했던 것이다.[8]

이렇게 새로운 종교 개념의 틀이 잡히자, 마니는 그 바탕 위에서 세례파의 의식 행위(세례, 정결례, 음식의 봉헌 등)를 강하게 비판했다. 그러나 마니는 자기 공동체를 자신이 받은 계시 명령대로 바꾸어 놓지 못했다. 오히려 엘카사이가 세운 법을 어기고, 구원자(예수 그리스도)의 계명을 지키지 않는다는 이유로 세례파의 격렬한 반대에 부딪혔다. 이미 그 공동체는 거짓말

---

[8] "마니의 사도직을 통하여 진리가 신세대에 드러났을 뿐 아니라, 완전한 지식 안에서 계시가 결정적으로 완결되었고, 계시가 절정에 이르러 세상과 인류의 마지막 시기가 열렸으므로, 이제는 진리와 거짓 사이에서 최종 선택을 해야 한다는 것이다.": GIULIA SFAMENI GASPARRO, *Tradizione e nuova creazione religiosa nel manicheismo: il «syzygos» e la missione profetica di Mani*, in *Codex Manichaicus Coloniensis*, a cura di Luigi Cirillo, Cosenza 1986, 251.

과 오류의 원천이 되어 버렸다고 판단한 마니는 자신이 교육받은 환경에서 완전히 떨어져 나왔다. 이때부터 마니와 제자들의 놀라운 설교 활동이 시작되었고, 마니교는 동방과 서방을 가리지 않고 널리 퍼져 나갔다. 그러나 마니 교회는 거듭된 박해의 표적이 되었고, 결국 마니도 잡혀서 감옥에 갇혔다가 277년에 참수되었다.

마니교 교설과 마니 교회

구원 종교인 마니교의 종말론적 목표는 최고 지식의 계시인 '앎'[그노시스($\gnosis$, 靈知)]이다. '앎'을 통하여 태초의 인간 상태가 밝혀졌고, 인간의 기원과 운명을 인식하게 되었으며, 세상 귀양살이에서 해방되어 끝없는 생명을 누리게 되었다는 것이다. 마니교 교리는 두 가지 대립되는 '원리'의 극단적 이원론을 그 핵심 토대로 삼고 있다. 곧, 빛(선)의 우두머리와 어둠(악)의 우두머리가 맞서 싸우고 있다는 것이다. 빛의 나라에서는 선의 원리요 위대한 아버지인 하느님이 다스리고, 어둠의 나라에서는 악의 원리인 사탄이 다스린다. 악의 세력이 빛의 나라를 침범함으로써 우주의 비극은 시작되었고, 시간과 세상과 인간이 창조되었다. 악의 확장을 막기 위하여 하느님은 생명의 어머니로부터 첫 인간을 다섯 '아들'(공기, 바람, 빛, 물, 불)과 함께 낳는다. 그러나 신적 실체에서 나오는 이 존재의 조각들을 악의 세력이 삼켜 버리는 바람에, 도무지 어울릴 수 없는 두 실체가 공존하게 되었다. 바로 여기서 싸움이 시작되고 선이 승리하게 된다. 그러나 선이 언제나 승리하는 것은 아니다. 그 까닭에 인간은 물질에 갇혀 있는 빛의 조각들을 골라내어 해방시켜야 할 소명을 지닌다. 지상의 감금 상태가 끝나는 이 비극의 종말에 비로소 악의 세력은 빛의 나라에서 결정적으로 쫓겨나게 된다는 것이다.

마니교는 이 형이상학적이고 상징적인 전망 안에서 자신의 사상 체계를 세운다. 마니교의 인간관과 우주관은 우주론·물리학·인간학·윤리학과 같은 다양한 차원에서 발전해 갔다. 그것은 마치 "더러 괴팍한 취향도 엿보이지만, 매력적인 요소들로 지어진 환상적인 바로크 건축"[9]과도 같았다. 튼실하게 구성되고 조직된 마니 공동체는 '앎'을 향한 길고도 어려운 여정에 힘을 쏟았다. 그 구성원은 '거룩한 이' 또는 '완전한 이'라고도 불린 '뽑힌 이들'electi과, '예비신자'라고도 불리며 평신도가 대다수인 '듣는 이들'(聽衆)auditores, 이렇게 두 계층으

---

[9] UGO BIANCHI, *Osservazioni storico-religiose sul Codice manicheo di Colonia*, in *Codex Manichaicus Coloniensis*, a cura di Luigi Cirillo, Cosenza 1986, 27 참조.

로 이루어졌다. '뽑힌 이들'은 사제 계층으로서 신자들을 가르치고 계몽하는 데 핵심 구실을 했다. 그들은 완전한 삶에 부름 받은 사람에게 맞갖은 매우 엄격한 계율을 지켜야 했다. 독신과 완전한 금욕을 지키고, 모든 물질적 활동을 거부하고, 고기와 생선과 포도주와 '부정한' 음식을 먹지 않으며, 철저하게 청빈한 삶을 살아야 했다. 반면 평신도인 '듣는 이들'은 똑같은 '앎'을 지향하면서도 자신들의 '맏형들'보다는 훨씬 덜 엄격한 의무와 봉사 직무를 지니고 있었다.

뽑힌 이들의 상부 계층에는 사제 360명, 주교[또는 부제(봉사자)] 72명, (그리고 열두 사도처럼) 교사 12명으로 이루어진 세 위계 서열이 있었다. 모든 이 위에 '교사들의 군주'가 자리 잡았으니, 그가 바로 마니의 후계자이며 교회의 수장이다.[10]

북아프리카 마니교

현혹적 메시지와 강한 교회 조직 덕분에 마니교는 세상 곳곳으로 퍼져 나갔다. 4세기 초 또는 이미 3세기 말에 마니교는 로마제국이 다스리던 북아프리카 지방까지 뻗어 나가 초기

---

[10] 마니 교회의 조직과 교계제도에 관해서는 미쉘 따르디외『마니교』104-111 참조 — 역자 주.

공동체를 정착시켰다. 이미 그리스도교가 두루 스며들어 있었고, 디오클레티아누스 황제가 마니교를 거슬러 칙령(303년)도 내렸지만[11] 마니교의 확산을 막을 수는 없었다.

마니의 열두 '사도들' 가운데 엄청난 추진력을 지닌 아디만투스[12]는 타고난 화술과 조직력으로 이집트에서 폭넓은 추종자들을 거느렸고 아프리카에서도 수많은 신도를 모았다. 마니의 저술들을 효과적으로 알리는 일이 마니교 교리 전파에 결정적 구실을 했다. 그 교리는 구전 메시지뿐 아니라, 창시자가 기록한 가르침에 바탕을 둔 계시, 곧 '책의 종교'라는 틀을 갖추고 있었다.

상술과 인맥을 폭넓게 활용한 포교 활동은 마니 공동체와 조직 확장에 크게 이바지했다. 카르타고와 히포를 비롯한 아프리카 중심지의 큰 항구들은 새 신자를 포섭하고 다른 공동체 신자들과 결속을 다지는 주요 거점이었다.

그리스도교가 그러하였듯이, 마니교가 처음으로 접촉한 아프리카 도시도 카르타고였을 터다. 마니교좌座와 지도자 파우

---

[11] 마니교에 반발하게 된 결정적 동기는 그 교리가 페르시아에서 나왔다는 데 있다. 페르시아의 천문학과 점성술과 마술은 로마 시민의 건전한 윤리와 평화를 해치는 위험 요소라는 판단 때문이었다. 마니교도의 수가 늘어나자 로마제국은 혹독한 처벌을 예고했고, 마니교는 잔인한 박해를 겪을 수밖에 없었다.

[12] 아다스(Addas)라고도 불린 이 중요한 인물과 관련해서, 아우구스티누스는 394년 초 『마니 제자 아디만투스 반박』(*Contra Adimantum Manichaei discipulum*)이라는 책을 저술하여 그 교설을 반박한다.

스투스 주교[13]가 있던 카르타고는 마니교의 중심축이었다. 포르투나투스[14]의 작품이 암시하듯 히포에도 활짝 꽃핀 공동체가 있었다. 타가스테, 카이사리아, 밀레비스, 티파사[15]와 같은 다른 도시에도 마니교가 뿌리를 내렸고, 가톨릭 공동체에도 종종 스며들었다. 마니교의 성장은 지역공동체 신자나 후원자들의 경제적 도움에 크게 의존하고 있었다. 아우구스티누스의 벗이자 부유한 후원자였던 타가스테의 로마니아누스처럼, 그들은 사업가나 상인, 또는 돈 많은 지주였다. 교류와 결속이 비교적 쉬웠던 북아프리카의 지정학적 이유를 뛰어넘어, 마니교가 로마제국 아프리카의 여러 도시에서 큰 성공을 거둔 까닭도 바로 이들의 후원 덕분일 수 있다.[16]

---

[13] 북아프리카 마니교의 유명한 인물 밀레비스의 파우스투스의 생애는 아우구스티누스가 397년과 399년 사이에 저술한 『마니교도 파우스투스 반박』(Contra Faustum Manichaeum)을 통하여 알 수 있다.

[14] 마니교 사제인 포르투나투스는 아우구스티누스와 벌인 논쟁의 맞수로 이름이 났고, 토론 내용은 『마니교도 포르투나투스 반박』(Contra Fortunatum Manichaeum)에 담겨 있다. 이 책의 제6장 각주 29를 참조하라.

[15] 누미디아 지방의 밀레비스는 오늘날 알제리의 밀라(Mila)이며, 티파사는 마우레타니아 카이사리엔시스 지방에 있는 도시다.

[16] 마니교가 북아프리카에서 누렸던 다양한 행운에 관해서는 FRANÇOIS DECRET, *L'Afrique manichéenne (VIe-Ve siècles). Étude historique et doctrinale*, Paris 1978, vol. I, 161-233; vol. II, 111-185를 참조하라.

마니교의 매력

자기 삶에 흔들리지 않는 토대를 놓겠노라 결심하고서도 여전히 실망에 빠져 있던 아우구스티누스 같은 젊은이에게 마니교는 매력 덩어리였다. 훗날 아우구스티누스가 "역겹고 불경한 이단"[17]이라 부르게 될 마니교는 그를 아홉 해 동안이나 붙들어 두었다(373~382년). 열심히 참석하고[18] 진지하게 교리를 공부하면서[19] 무려 9년을 마니교에 몸담았다.

아우구스티누스에게 마니교는 절대자를 향한 권위 있는 길로 보였다. 마니교가 현혹적인 논리로 외쳐 대던 '완전한 지식과 너울 없는 진리'[20]에 대한 환상은 아우구스티누스를 사로잡았다.[21] 자신이 계획하고 있던 사색적 탐구와 수행의 여정에 마니교가 지적으로나 종교적으로나 제격이라는 느낌이었다. 그리하여 영적이고 인간적인 진화의 이 단계에서 아우구스티누스는 마니교에 흠뻑 빠져들었던 것이다.[22]

---

[17] 『마니교도 파우스투스 반박』 2,4.
[18] 『가톨릭교회의 관습과 마니교도의 관습』(De moribus ecclesiae catholicae et de moribus Manichaeorum) 19,68 참조.
[19] 『가톨릭교회의 관습과 마니교도의 관습』 12,25 참조.
[20] 『믿음의 유익』(De utilitate credendi) 1,2 참조.
[21] 『고백록』 3,6,10 참조.
[22] 『고백록』 3,6,10 참조.

절대자를 향한 이 여정에서 아우구스티누스는 자유롭게 사유하고 철학을 심화하면서, 이성이 우위를 차지하도록[23] 신앙의 억압적 권위[24]는 한쪽 구석에 내팽개쳐 두었다. 그는 새롭고 완전한 자유에 대한 끝없는 열망을 지니고 있었다. 그 열망은 한계와 불확실성, 유아기적 종교의 미신적 일탈에도 꺾일 줄 몰랐다. 진리란 덧씌워진 교의가 아니라, 엄격한 이성적 성찰 과정을 거쳐 모호하지 않고 확실하게 드러나는 일종의 공식 같은 것이라고 여겼다.[25] 마니교에서는 믿을 대상이 학문적으로 확실하고도[26] 투명해졌다.[27] 그들이 선포하는 이른바 "진리의 학문"[28]은 이성을 통하여 지극한 신비인 하느님을 인식하게 되리라고 보증해 주었기 때문이다.

마니교의 성경 해석은 많은 의문점에 숨통을 틔워 주는 것만 같았다. 마니교는 구약성경 대부분과 신약성경의 특정 구절들을 거부함으로써[29] 합리적 종교라는 호감을 주었다. 창조

---

[23] 『믿음의 유익』 1,2 참조.

[24] 『믿음의 유익』 1,2 참조.

[25] 『마니교 기조 서간 반박』(*Contra epistulam Manichaei quam vocant fundamenti*) 3,4; 4,5; 10,11; 12,14; 14,17,18. 『마니교 기조 서간』(*Manichaei epistula fundamenti*)은 마니교 기초 교리서로서 마니교도 사이에 널리 퍼져 있었는데, 마니는 이 작품에서 고유한 교리의 '기조'를 설명한다.

[26] 『마니교 기조 서간 반박』 23,25 참조.

[27] 『마니교 기조 서간 반박』 3,4; 12,15 참조.

[28] 『마니교 기조 서간 반박』 5,6.

설화와 악의 기원, 유대 율법과 성조들의 관습, 하느님 아들의 육화, 성경에서 논란이 되는 구절들로 말미암은 성경 주석의 문제들에 관하여 마니교는 능수능란한 논술로써 확신에 찬 답을 주었다. 그들이 끊임없이 입에 달고 다니던 그리스도라는 이름도[30] 아우구스티누스에게는 새로운 이상과 예언의 힘으로 가득해 보였다.

이제 아우구스티누스는 마니교를 통해 그리스도교 메시지의 온갖 어리석은 군더더기를 벗어 버렸다는 착각에 빠져들었다. 마니교 교리는 자신과 싸우고 있던 아우구스티누스에게 신학적·윤리적 차원에서 위안을 주었고, 참된 영성의 알맹이도 채워 주는 듯했다. 당장 따라나서고픈 지적·영적 충동을 느낄 만큼 그 환상은 컸다. 게다가 마니교는 아우구스티누스에게 가족적인 분위기를 느끼게 해 주었고,[31] 어수룩한 그리스도인들을 상대로 벌인 교리 논쟁에서 손쉽게 승리를 거두었으며,[32] 열성을 다해 자신들의 가르침을 전파했다.[33] 그리하여 아우구스티누스는 스스로 올바른 길을 걷고 있노라 되뇌면서 다른 사람들 앞에서 자랑스러워할 정도가 되었다.

---

[29] 마니교의 신약성경 주석에 관해서는 MICHEL TARDIEU, *Principes de l'exégèse manichéenne du Nouveau Testament*, in CENTRE D'ÉTUDES DES RELIGIONS DU LIVRE, *Les règles de l'interprétation*, Paris 1987, 123-146 참조.

[30] 『고백록』 3,6,10 참조.   [31] 『두 영혼』 9,11 참조.
[32] 『두 영혼』 9,11 참조.   [33] 『두 영혼』 9,11 참조.

3
되돌아가는 길

카르타고에서 타가스테로

카르타고에서 공부를 마친 아우구스티누스는 고향 타가스테로 돌아갔다(374년). 4년 전 아우구스티누스의 카르타고 유학에 동의해 주었던 부유한 벗 로마니아누스는 아우구스티누스가 고향 타가스테에 문법과 수사학 학교를 열 수 있게 도와주었다. 아버지 파트리키우스를 여의었을 때(371년) 아우구스티누스를 너그럽게 환대하기도 했던 그 친구는 이번에도 동거녀와 아들 아데오다투스까지 딸린 그를 자기 집에 맞아들였다.[1] 어머니 모니카가 그들을 고향 집에 들이려 하지 않았기 때문이다.

---

[1] 『아카데미아 학파 반박』 2,2,3 참조.

아우구스티누스를 평신도 청중으로 포섭한 마니교는 로마니아누스도 손쉽게 꼬드겨 냈지만,[2] 어머니 모니카의 돈독한 신앙만큼은 낚아챌 수 없었다. 슬픔과 고통에 잠긴 모니카는 배반과 교만으로 얼룩진 아들의 광기를 견디며 살아가느니, 차라리 아들과 헤어지는 게 낫다고 여겼다. 모니카는 나중에야 아우구스티누스를 집에 받아들이는데, 그것은 꿈에서 받은 확신 때문이기도 하거니와,[3] 그렇게 많은 눈물로써 기도하는 어머니의 자식이라면 멸망하는 일이 없으리라는 어느 주교의 위로 덕분이기도 했다.[4]

아우구스티누스는 타가스테에서 2년 동안(374~376년) 가르치면서 철학적 소양과 웅변술을 연마했다. 학생들과 더불어 좋은 관계를 유지하며 만족스러운 성과를 내기는 했으나, 아우구스티누스는 고향에서 지내는 일이 불편하기만 했다. 가족 관계에서 오는 긴장도 있었지만, 자신의 지적 욕구와 직업적 전망을 채우기에 고향 생활이 너무 갑갑했던 것이다. 타가스테에서는 문필가로서의 명예와 경제적 보장을 기대할 수도 없었고, 자신의 가능성과 야망을 실현할 여지도 없었다. 특히

---

[2] 『아카데미아 학파 반박』 1,1,3 참조.

[3] 『고백록』 3,11,19 참조. 눈부시게 환한 젊은이가 모니카의 꿈에 나타나 아들의 멸망을 염려하여 날마다 울고 있는 모니카를 안심시키면서 어머니가 있는 곳에 아들도 있게 되리라고 알려 주었다는 일화를 가리킨다 — 역자 주.

[4] 『고백록』 3,12,21 참조.

절친했던 한 친구가 죽은 뒤로는 더 이상 고향에서 살아갈 수 없었다. 그 죽음은 아우구스티누스의 마음을 갈기갈기 찢어 놓았고, 아우구스티누스는 그 가슴 아픈 기억을 『고백록』에 생생하게 새겨 두었다.[5]

고향에서 수사학을 가르치기 시작하면서부터 단짝이 되어 절친하게 지내 온 젊은 친구의 죽음은 깊은 우정의 상실 이상이었다.[6] 그것은 삶 자체와 단절되는 체험이었다. 모든 것이 어두워졌고, 눈길이 닿는 곳마다 죽음의 빛이 서려 있었다.[7] 충만한 기쁨을 주었던 그 친구는 가족이나 다른 어떤 사랑스러운 사람보다 더 소중했다. 아우구스티누스는 자기 마음을 다 주었던 친구가 사라져 버리자 철저하게 외롭고 공허하고 낯선 모습으로 바로 그 도시에서 살아가야 했다. 고통이 아우구스티누스의 영혼을 쥐어짰다. 친구의 죽음은 단순한 이별이 아니었다. 몸담고 살아온 세상은 놀랍도록 갑작스레 속살을 드러내 버렸다. 그것은 형이상학적 고통이며 실존적 악이었다. 그러한 고통 앞에서 아우구스티누스는 무의미한 것들을 멀리하고, 허망하기 짝이 없는 인간 조건에 관한 뼈저린 경험을 마음에 되새긴다.[8]▶

---

[5] 『고백록』 4,4,7-4,7,12 참조.
[6] 『고백록』 4,4,7 참조.
[7] 『고백록』 4,4,9 참조.

타가스테에서 카르타고로

아우구스티누스는 혼란스럽기 그지없는 마음으로 타가스테를 떠나 다시 카르타고로 갔다(376년). 이번에도 로마니아누스 덕분에 가능한 일이었다. 일찍이 로마니아누스는 아우구스티누스와 더불어 고향 타가스테에서 학교를 세우고 학문의 꽃을 피우려는 계획을 품고 있었다. 그러나 아우구스티누스의 속내를 알게 된 로마니아누스는 순수하고 뜨거운 우정으로 자신의 꿈을 접은 채, 더 높이 날아오르려고 발버둥 치는 친구의 뜻을 밀어주었다.[9]

카르타고에서 교편을 잡으려는 계획에 유일하게 동의해 준 로마니아누스의 너그러움은 섭리와도 같았다.[10] 로마니아누스는 여행 경비 전액과 카르타고의 살림살이를 마련해 주는 데 그치지 않고, 아들 리켄티우스, 가까운 친척 루킬리아누스를 비롯한 학생들을 모아 주기까지 했다.[11] 아우구스티누스가

---

[8] 아우구스티누스의 우정에 관한 수많은 저술 가운데 특히 LUIGI PIZZOLATO, *L'idea di amicizia nel mondo antico classico e cristiano*, Torino 1993, 296-319; CAROLINE WHITE, *Christian friendship in the fourth century*, Cambridge 1992, 185-218; MARIE A. MCMANARA, *L'amicizia in S. Agostino*, Milano 2000 참조. 아우구스티누스 저술 가운데 우정이라는 주제의 본문만 추려 엮은 모음집 *L'amicizia*, a cura di Remo Piccolomini, Roma 2000⁴ 참조.

[9] 『아카데미아 학파 반박』 2,2,3 참조.
[10] 『아카데미아 학파 반박』 2,2,3 참조.
[11] 『아카데미아 학파 반박』 2,3,9 참조.

카르타고에 문을 연 수사학 학교는 오래지 않아 학생들로 넘쳐 났고, 절친한 친구이자 장차 타가스테의 주교가 될 알리피우스 같은 카르타고 시민들의 관심을 끌었다.

아우구스티누스는 카르타고에서 학생들을 가르치고 대화하고 토론하면서, 나날이 공부와 전교에 매달렸다. 가르치는 일에서 오는 만족감은 크지 않았다. 학생들이 너무도 무례했기 때문이다. 훗날 카르타고의 수사학자가 될 네브리디우스, 에울로기우스와 더불어 특별한 대화와 우정을 나누기도 했지만, 대부분의 학생은 고삐 풀린 악습으로 제멋대로 규율을 무너뜨리기 일쑤였고, 아우구스티누스는 참기 어려운 일을 하릴없이 겪어야 하는 처지가 되고 말았다.[12]

반면, 자유칠과自由七科(septem artes liberales: 문법, 논리학, 수사학, 산술, 기하학, 음악, 천문학)를 깊이 공부하기 위해 수많은 서적을 탐독했는데, 이미 헬레니즘 전통에서는 철학 연구를 위한 기초 학문으로 여겨지던 유익한 작업이었다.[13] 특히 마르쿠스 바로의 『규율』*Disciplinarum libri novem*과, 키케로, 세네카, 켈수스와 같은 철학자들의 저술들, 겔리우스의 『아티카 야화夜話』*Noctes Atticae*를 읽었고, 아마도 게라사의 니코마쿠스의 『산술 입문』

---

[12] 『고백록』 5,8,14 참조.

[13] '규율'(disciplina)과 '인문학'(artes liberales)의 기원과 특성에 관해서는 MARROU, *op.cit.*, 189-238 참조.

*Arithmetike eisagoge*를 비롯하여 구할 수 있었던 다른 많은 책들도 읽었을 것이다.[14] 이 시기에 시 경연에 입상했고(380년) 『아름답고 알맞은 것』*De pulchro et apto*(381~382년, 소실)이라는 미학 책도 저술했다. 아우구스티누스는 이 책을 그 박학함과 우아함으로 모든 이에게 칭송받던 로마 웅변가 히에리우스에게 헌정했는데, 그는 아우구스티누스의 본보기요 이상이었다.[15] 그 밖에도 아우구스티누스는 마니교 교리와 실천 문제들에 관하여 토론하면서 마니교에 도움이 되는 일을 찾아 나갔다.

그러나 시간이 지나면서 아우구스티누스의 마니교 신앙에 시련이 닥쳤다. 다양한 문제들에 관하여 토론하고 양심적으로 증명해 가다 보니 의심이 생기기 시작했다. 예컨대, 아프리카 총독 빈디키아누스와 친구 네브리디우스처럼 훌륭하고 덕망 있는 인물들이 반대하던 점성술 신앙을 아우구스티누스는 받아들이고 있었으나 차츰 의혹이 늘어났다.[16] 자연현상을 설명할 때면 자신이 배운 과학 지식과 마니교 교리가 충돌하는 것 같았다.[17] 엘피디우스라는 인물이 구약성경과 신약성경의 일치에 관하여 마니교도와 벌인 공개 토론에서 제시한 정

---

[14] 『고백록』 4,16,30 참조.
[15] 『고백록』 4,13,20; 4,14,21 참조.
[16] 『고백록』 4,3,5 참조.
[17] 『고백록』 5,3,4; 5,3,6 참조.

확한 요지들은 마니교의 허상을 되짚어 보게 하는 계기를 마련해 주었지만, 마니교도들이 사적으로 늘어놓는 답변들은 일관성이 없어 보였다.[18] 게다가 하느님도 썩는다는 마니교 교리를 반박하는 네브리디우스의 주장은 아우구스티누스에게 깊은 감명을 주었다.[19]

아우구스티누스 스스로 마니교 신앙의 기둥에 금이 가는 것을 느낄 수 있었다. 아무리 궁리해도 의혹을 풀 도리가 없었던 그는, 자기가 안고 있던 수많은 문제들에 대한 해답을 얻기 위해 마니교 대학자인 밀레비스의 파우스투스가 로마에서 돌아오기까지 기다리기로 했다.

383년, 파우스투스가 카르타고에 도착했다. 많은 사람들과 마찬가지로 아우구스티누스도 이 유명 인사의 인품과 품격 있는 설교, 고상한 말솜씨에 금세 마음이 끌렸다.[20] 그러나 그와 직접 만나 자신이 품고 있던 문제들을 펼쳐 놓을 기회를 얻었을 때, 파우스투스라는 인물은 복잡하고 미묘한 문제들에 해답을 주기에는 교양이 턱없이 천박하다는 사실을 알아차리게 되었다.[21] 파우스투스가 자신의 무지를 단순하고도 정중하

---

[18] 『고백록』 5,11,21 참조.
[19] 『고백록』 7,2,3 참조.
[20] 『고백록』 5,6,10 참조.
[21] 『고백록』 5,6,11 참조.

게 고백했기에 아우구스티누스는 그에게 호감은 갖게 되었지만,[22] 그가 품어 온 희망에는 치명타였다. 파우스투스와의 만남은 불확실성과 모순에 갇혀 있던 그에게 탈출구가 되기는커녕, 허물어지는 신화의 첫 장면이 되었다. 마음이 무너져 내렸다. 타오르던 불길은 꺼지고 빛은 너울에 뒤덮였다. 아우구스티누스는 이미 마음속으로 새로운 길을 걷고 있었을지도 모른다. 그러나 현명했던 그는 확실한 것을 찾게 될 때까지는 다른 길로 가지 않고 당분간 마니교에 남아 있기로 했다.[23]

카르타고에서 로마로

견디기 어려운 카르타고의 학교 환경을 떠나 규율을 더 잘 지키고 차분한 학생들이 있는 곳으로 가려는 열망,[24] 성공과 명예의 사다리를 타고 더 높이 올라가고픈 야망, 파우스투스를 만난 실망감에 따른 불안감은 아우구스티누스에게 카르타고를 떠나도록 부추겼다(383년 여름 무렵). 떠나지 말라고 애원하는 어머니의 눈물과 간청에 귀를 막고 어머니를 속인 채, 밤에

---

[22] 『고백록』 5,7,12 참조.
[23] 『고백록』 5,7,13 참조.
[24] 『고백록』 5,8,14 참조.

몰래 로마로 가는 배에 몸을 실었다. 모니카는 아들을 붙들어 두려고 온갖 노력을 기울이며 애태웠지만, 아우구스티누스는 뒤도 돌아보지 않고 냉정하게 도망쳐 버렸다. 심지어 로마니아누스에게도 자신의 출발을 알리지 않을 정도로 사랑과 우정마저 내려놓았다.[25] 하느님 섭리로 신비로운 인생 무대가 새롭게 펼쳐지고 있었으나, 정작 그 주인공인 어머니와 아들은 미처 깨닫지 못했다.

로마에서는 아우구스티누스에게 별로 운이 따르지 않았다. 로마에 도착한 지 얼마 되지 않아 아우구스티누스는 병에 걸려 죽을 뻔했다.[26] 로마의 학교 분위기는 놀랍도록 고약했다. 이번에는 학생들이 규율을 무시해서가 아니라, 수업료를 내야 할 때가 되자 몽땅 다른 선생에게 가 버렸기 때문이다.[27] 게다가 마니교의 '뽑힌 이들'과 가까이 지내게 되면서, 엄격한 규칙을 끊임없이 어기는 그들의 위선적 행동뿐 아니라, 결정적으로는 행동이 따르지 않는 그들의 생활 방식에 반감을 갖게 되었다.

건강은 천천히 회복되었으나, 여전히 허약한 상태였다. 학생들의 못된 행실이 빚어낸 경제적 어려움을 그럭저럭 이겨

---

[25] 『아카데미아 학파 반박』 2,2,3 참조.
[26] 『고백록』 5,9,16 참조.
[27] 『고백록』 5,12,22 참조.

3. 되돌아가는 길 59

나가기는 했으나, 깊은 쓰라림은 가실 줄 몰랐다. 마니교가 안겨 준 새로운 실망은 적어도 심리적·윤리적 차원에서 치유될 수 없는 좌절감을 심어 주었다. 숙식 제공과 재정 지원과 같은 순전히 편의적인 이유 때문에 아우구스티누스는 마니교도와 아주 친하게 지낼 수밖에 없었지만, 가식적인 모습으로 내적 갈등을 겪으며 살아가야 했다.

이처럼 아우구스티누스는 로마에서 불안하고 혼란한 마음으로 외로운 삶을 꾸려 가고 있었다. 도시의 아름다움과 화려함조차 다른 세상에 속하는 것처럼 보였다. 아우구스티누스는 또다시 멀어져 버린 진리에 대한 생각에 빠져 지냈다. 마니교는 그가 찾고 있던 대답을 줄 수 없는 '동화'에 지나지 않는다는 사실이 분명히 드러났기 때문이다. 거짓말과 속임수로 유혹하고 약속하며 악마의 그물 속에 오랜 세월 그를 붙잡아 둔 마니교에 배신감을 느꼈다. 마니교는 이성을 통하여 틀림없이 진리를 보여 주겠노라 약속했다. 그러나 새로운 출발점에 서 있던 아우구스티누스에게 마니교는 진리를 보여 주기는커녕, 오히려 난해한 상징과 비유들의 감옥에 갇혀 있는 신화일 따름이었다. 아우구스티누스는 더 이상 마니교 초심자가 아니었다. 학문의 투명성과 명료성만 신뢰하던 그에게 마니교 교리는 얄궂은 동화와 어리석은 미신으로 얼기설기 엮어 놓은 조잡한 사기극이라는 사실이 들통 나고 말았다.

아우구스티누스는 마니교를 대체할 만한 것을 찾기 시작했다. 그러나 지혜를 향한 여정을 시도하는 그 어떤 철학 체계도 그를 만족시키지 못했다. 이성적 관점에서 확신보다 의심이 더 강했기 때문이기도 하거니와, 무엇보다 철학자들에게는 그리스도라는 구원의 이름이 없었기 때문이다.[28] 완전한 진리를 얻기 위해서는 그리스도에 관한 논의를 피해 갈 수 없으리라는 생각도 여전히 남아 있었다. 열매도 없는 이 여정 속에서 아우구스티누스는 조금씩 회의적인 경향을 띠고 모든 것을 의심해 나간다.[29] 진리에 다다르기 위해 온갖 노력을 다 기울였지만, 결국 진리를 소유할 수 있으리라는 희망마저 잃어버린다.[30] 이는 신아카데미아 학파 철학자들(피타네의 아르케실라오스, 키레네의 카르네아데스, 카르타고의 클리토마쿠스 등)과 아스칼로나의 안티오코스 같은 철학자들과 비슷한 입장이었는데, 아우구스티누스는 키케로의 『아카데미아 학파』Academici와 바로의 『철학』Philosophia을 통하여 이들을 알게 되었다.[31]

로마 생활에 실망한 아우구스티누스는 더 나은 행운을 안겨 줄 새로운 '항구'를 밀라노에서 모색한다. 마니교와 결별한

---

[28] 『고백록』 5,14,25 참조.

[29] 『고백록』 5,14,25 참조.

[30] 『고백록』 6,1,1 참조.

[31] 신아카데미아 학파의 회의주의에 관한 논의와 아우구스티누스의 새로운 해석에 관해서는 『아카데미아 학파 반박』 2,3,8-2,6,15 참조.

뒤 폭풍 속에서 흔들리던 그의 배에 키잡이가 되어 준 것은 바로 이 철학자들이다.[32] 의혹과 불안으로 한바탕 풍랑을 겪은 뒤 로마를 떠나 예정된 목적지를 향해 새롭게 시작한 이 항해는 헛되지 않았다.[33] 밀라노는 예전에 아우구스티누스가 지나쳐 온 다른 도시들처럼 그저 잠시 스쳐 가는 곳이 아니다. 그곳은 아우구스티누스의 영적 여정이 마무리되는 종점이며, 생각지도 못한 새로운 전망이 열리는 자리가 된다.

---

[32] 『행복한 삶』 1,4 참조.
[33] 『고백록』 5,14,25 참조.

4
회심의 여정

아우구스티누스는 384년 초가을에 밀라노에 도착했다. 그 당시 밀라노는 대단히 매력적이고 중요한 도시였다. 이미 286년부터 서로마제국의 수도였고, 발렌티니아누스 1세 황제가 다스리던 365년부터는 로마 대신 밀라노에 황궁이 있었다. 밀라노의 정치적 · 군사적 비중은 커져 갔고, 로마제국의 구심점 노릇을 하고 있었다. 경제적 · 상업적 상황을 비롯하여, 암브로시우스 주교의 사목 활동으로 강화된 종교적 위상과 문화적 특권들도 한몫을 했다.[1]

---

[1] 밀라노의 역할과 종교 전통에 관해서는 *Milano, capitale dell'impero romano*, Milano 1990; *La città e le sue memorie. Milano e la tradizione di sant'Ambrogio*, Milano 1997 참조. 특히 암브로시우스의 역할을 개관하려면 그가 374년부터 밀라노의 주교였다는 사실을 기억해야 한다. 암브로시우스는 339년 또는 340년에 트리어 그리스도교 귀족 가문에서 태어났다. 로마에 있는 수사학 학교와 법학 학교에서 교육을 받았고, 정치 · 행정직을 수행했다. 암브로시우스가 밀라노에 좌를 둔 리구리아 지방과 에밀리아 지방의 집정관(consularis)이었을 때, 밀라노의 아리우

밀라노는 웅변가들의 도시였고, 제국의 고위직에 오르기 위한 도약대와도 같았다.² 그 당시 공석이던 수사학 교수를 충원하기 위해 밀라노는 로마 시장 퀸투스 아우렐리우스 심마쿠스에게 수사학 교수 선발을 요청했다.³ 아우구스티누스도 그 직책을 열망하고 있었지만 아직 너무 젊고 특별한 경력도 없었던 터라,⁴ 심마쿠스에게 부탁해 준 마니교도들의 후원

스파 주교 아욱센티우스가 세상을 떠났다(374년). 후임자 선출을 둘러싸고 니케아 정통 신앙파와 아리우스파 사이에 극심한 대립이 벌어지자, 암브로시우스는 도시의 질서와 공정한 선거를 감독하고 중재하기 위해 신자들이 모여 있는 대성당에 갔다. 이때 거기 모여 있던 백성들은 한마음으로 암브로시우스를 후임 주교로 선출했다. 그리하여 그해 374년 11월 30일에 세례를 받고 여드레 만인 12월 7일에 주교로 서품되었다. 암브로시우스의 생애와 사상에 관해서는 CESARE PASINI, *Ambrogio di Milano. Azione e pensiero di un vescovo*, Cinisello Balsamo 1996²; LUIGI CRIVELLI, *Aurelio Ambrogio. Un magistrato vescovo a Milano*, Cinisello Balsamo 1997; HERVÉ SAVON, *Ambroise de Milan (340-397)*, Paris 1998; E. DASSMANN, *Ambrosius von Mailand: Leben und Werk*, Stuttgart 2004 참조. 아우구스티누스의 회심 과정을 더 잘 이해할 수 있게 도와주는 당시 밀라노 교회의 상황에 관한 분석은 VINCENZO MONACHINO, *S. Ambrogio e la cura pastorale a Milano nel secolo IV*, Milano 1973; ENRICO CATTANEO, *La religione a Milano nell'età di Sant'Ambrogio*, Milano 1974 참조. 밀라노 교구의 중요성에 관해서는 GUALBERTO VIGOTTI, *Milano metropoli ecclesiastica*, Milano 1981, 29-46; 전시회 소책 *387 d.c. Ambrogio e Agostino. Le sorgenti dell'Europa*, Milano 2003 참조.

² 수사학 교육의 목표는 학생들이 법정이나 관공서에서 공적 연설이나 법률행위를 하는 것이다. 수사학 입문은 그리스에서처럼 기초 교육 과정[프로김나스마타(progymnasmata)]으로 이루어지며, 웅변술을 갈고닦는 과정도 포함된다[데클라마티오(declamatio)]. 그러나 수사학 교수는 정치적 변론이나 홍보 같은 달갑지 않은 과제를 떠안아야 했다. 아우구스티누스도 밀라노에 도착한 지 얼마 지나지 않아 두 차례의 축사를 맡았으니, 385년 1월 1일에는 심마쿠스의 친구인 집정관 플라비우스 바우토에게 헌정했고, 385년 11월 22일에는 어린 황제 발렌티니아누스 2세에게 바쳤다.

³ 『고백록』 5,13,23 참조.

이 없었더라면 그 자리를 얻기는 힘들었을 것이다. 요청받은 적임자를 고르는 일에 열성이었던 심마쿠스는 우선 그 후보자가 자신의 정적 암브로시우스⁵의 유창한 연설에 효과적으로 맞설 만큼 이론적으로 탄탄하고 재능 있는 연설가인지 알아보기를 원했다.⁶ 아우구스티누스는 이 막중한 임무의 적임자로 뽑혀 밀라노에 파견되었다.⁷ 심마쿠스는 그리스도교를

---

⁴ 그때까지 아우구스티누스는 『아름답고 알맞은 것』(소실)이라는 책 한 권밖에 저술하지 못했다.

⁵ 심마쿠스는 382년에 그라티아누스 황제가 금지한 이교 예식을 복원하려 애썼으나 실패했다. 특히 원로원(curia) 의사당에 빅토리아 여신 제단을 복구하자는 그의 청원(relatio)은 유명세를 치렀다. 빅토리아 여신 제단은 콘스탄티누스 2세가 철거했으나 배교자 율리아누스가 다시 설치했고, 그라티아누스 황제가 철거한 후, 에우게니우스 황제에 의하여 잠시 복구되었다가 다른 이교 유물들과 함께 영영 사라졌다. 암브로시우스는 심마쿠스의 청원에 강력한 반박문으로 맞섰고(『서간집』 18 참조), 이교 예식 금지령을 폐기해서는 안 된다는 황실의 확답을 얻어 냈다.

⁶ 심마쿠스(340~402년)는 정치가[373년 아프리카 총독(proconsul), 384~385년 로마 시장(praefectus), 391년에는 집정관(consul)]이기 이전에 당대 최고의 연설가였다. 그는 젊은 수사학자의 웅변 실력을 꼼꼼하게 심사했다(『고백록』 5,13,23 참조).

⁷ 아우구스티누스는 관용 교통수단을 이용할 수 있는 허가를 받았다(『고백록』 5, 13,23 참조). 공무 수행의 성격을 띠었으므로 국가가 여행 경비를 댔고, 이동 수단으로는 우편 역마와 수레를 이용했다. 로마에서 밀라노로 가기 위하여 아우구스티누스는 비아 플라미니아(Via Flaminia, 기원전 220년에 플라미니우스가 낸 길)로 리미니까지 가야 했고, 거기서부터 비아 에밀리아(Via Aemilia, 기원전 187년에 에밀리우스 레피두스가 낸 길)를 통해 피아첸차까지 갔으며, 피아첸차에서 로디 베키오를 거쳐 포르타 로마나(Porta Romana, 로마 문)를 통해 밀라노에 들어갔다. 이 긴 여정은 대개 군사 역(驛, stationes)과 연결되어 있었는데, 거기서 말을 바꾸어 타거나(換乘, mutatio), 음식과 다른 필수품을 공급받았으며, 경우에 따라 묵어가기도 했다(院, mansio). 롬바르디아 길에 관한 특별한 연구는 AMBROGIO PALESTRA, *Strade romane nella Lombardia ambrosiana*, Milano 1984 참조.

극렬하게 반대하고 있었지만, 머지않아 이교 예식에 치명타를 날리게 될 젊은이의 앞길을 제 손으로 터 주고 있었다는 사실은 꿈에도 몰랐을 것이다.[8]

암브로시우스와의 만남[9]

아우구스티누스와 암브로시우스의 첫 만남은 특별하지 않았다. 의례적 방문이었다. 암브로시우스는 분명 아우구스티누스의 교의적·윤리적 입장이 어떠했는지, 또 심마쿠스가 그에게 준 소임이 무엇이었는지 모르지 않았을 것이다. 그럼에도 암브로시우스는 아버지다운 모습으로 아우구스티누스를 맞아 주었으며, "주교답게 episcopaliter 무척 사랑해 주었고"[10] 반겨 주었다. 아우구스티누스도 암브로시우스를 좋아하게 되었고, 그 호감 덕분에 그의 설교와 가르침에 다가가기 시작했다. 처음에는 연설 형식에만 주의를 기울이며 껍데기만 들었다. 암브로시우스의 연설이 정말 명성에 걸맞은지 확인하기

---

[8] VERA PARONETTO, *Agostino. Messaggio di una vita*, Roma 1981, 46 참조.

[9] LUIGI CRIVELLI, *Ambrogio e Agostino. Il significato di un incontro*, Milano 2003; MARCO GARZONIO, *La vita di Ambrogio narrata da Agostino*, Casale Monferrato 2003².

[10] 『고백록』 5,13,23.

위해 암브로시우스의 설득력 있고 박식한 언변에 관심을 기울였을 뿐 그 내용에는 관심이 없었다.

그러나 암브로시우스의 설교를 들을수록 그에 대한 호감으로 마음의 빗장이 풀려 갔다. 이즈음 아우구스티누스는 자신의 문제와 걱정거리를 털어놓으며 진득하게 토론하기 위해 암브로시우스를 만나고 싶어 했다. 그러나 힘겨운 공적 직무와 사목 활동에 파묻혀 바쁘게 지내던 암브로시우스에게는 아우구스티누스의 사변적이며 신학적인 관심을 채워 줄 만한 시간이 없었다. 그런 논쟁적 토론은 하느님에게 제대로 다가가는 데 바람직하지 않다고 여겼을지도 모를 일이다. 아우구스티누스는 암브로시우스의 마음을 사로잡지 못한 것과,[11] 확실성을 향한 목마름을 풀기 위해[12] 묻고 싶은 것을 묻지 못하는 것을 몹시 슬퍼하였다.[13] 그렇다고 영혼에 생기를 불어넣기 위해 독서에 열중하고 있는 암브로시우스의 짧은 여유를 감히 방해할 수도 없는 노릇이었다.[14]

암브로시우스와 사적 관계를 유지하지는 못했으나, 아우구스티누스는 주교의 설교를 꾸준히 들었다. 암브로시우스는, 정작 필요한 것은 철학적·종교적 토론이 아니라, 주님의 살아 있는 말씀을 만나는 것임을 과묵한 태도로써 아우구스티

---

[11] 『독백』 2,14,26 참조.
[12] 『독백』 2,14,26 참조.
[13] 『고백록』 6,3,3-4 참조.
[14] 『고백록』 6,3,3 참조.

누스에게 일깨워 주려 했는지도 모른다. 과연 암브로시우스의 설교는 아우구스티누스에게 결정적 영향을 끼쳤다.

젊은 수사학자는 주일마다[15] 성경 강해를 들으면서 제법 의혹이 풀리고 어느 정도 확신을 얻게 되었다. 이제 그를 매료시키고 사로잡는 것은 말투나 말씨의 우아함만이 아니었다.[16] 이미 385년 말에 아우구스티누스는 말의 내용에도 진지한 관심을 기울였던 것 같다.[17] 아우구스티누스는 암브로시우스에게 받은 가르침의 빛으로 자신의 처지를 살펴보게 되었다. 구약성경의 어려운 대목들에 관한 해설을 들으면서[18] 진리와 성경의 권위에 맞서 대들던 마니교는 그 힘을 잃어 가기 시작했다.[19] 아우구스티누스는 사람이 하느님의 모습대로 창조되었다는 사실을 알게 되었으나, 하느님께서 인간 육체의 형상으로 오셨다는 의미로는 받아들이지 않았다.[20] 창조에 대한 그리스도교의 올바른 해석을 통하여 하느님과 인간이 똑같은 모습이라 상상하던 오해 — 신인동형설神人同形說(anthropomorphism) — 를 벗어 버리지만, 그때까지 아우구스티누스는 그리스도가 육체를 받아들인다면 육체 때문에 더러워져 완전성과 영원성을 잃어버리게 되리라고 여겼다.[21]

---

[15] 『고백록』 6,3,4 참조.
[16] 『고백록』 5,13,23 참조.
[17] 『고백록』 5,14,24 참조.
[18] 『고백록』 5,14,24 참조.
[19] 『고백록』 6,3,4 참조.
[20] 『고백록』 6,3,4 참조.

암브로시우스의 영적 해석[22]은 성경을 새로운 방식으로 이해하게 해 주었고, 아우구스티누스는 암브로시우스를 통하여 하느님의 신비로운 섭리를 향해 나아가고 있었다.

심플리키아누스의 영향

밀라노에는 암브로시우스 말고도 아우구스티누스의 회심에 서 중요한 자리를 차지하는 인물이 있었으니 바로 심플리키아누스다.[23] 아우구스티누스는 암브로시우스에게서는 구할

---

[21] 『고백록』 5,10,20 참조.

[22] 영적 해석이란 성경 본문의 '문자'(littera) 아래 숨어 있는 개념과 사상의 '상징'(figura)을 모아들이는 작업이다. 사건과 인물 아래에는 그리스도와 그분의 신비를 표현하는 '우의'(allegoria)가 있다는 것이다. 알렉산드리아의 필론에서 비롯한 이 개념은 오리게네스와 알렉산드리아 학파에서는 문자적 의미를 뛰어넘어 성경의 궁극적 의미를 보게 해 주는 열쇠가 된다. 암브로시우스는 문자적 의미에 충실하면서도 여기에 머물지 않고 알렉산드리아 전통 위에 자리 잡는다. '잎'(물질적 해석)이 아니라 '열매'(영적 해석)에 가치를 두었기 때문이다(S. AMBROGIO, *Il giardino piantato a Oriente – «De paradiso»*. Introduzione di Umberto Mattioli e note di Carlo Mazza, Torino 1981, 138 참조). 암브로시우스의 설교와 성경 주석에 관해서는 FRANCESCO MEMOLI ACCURSIO, *Originalita, fortuna e arte di un nuovo genere cristiano: il sermone latino cristiano*, in «Nuovo Didaskaleion» 14 (1964), 57-90; LUIGI FRANCO PIZZOLATO, *La explanatio psalmorum XII. Studio letterario sulla esegesi di Sant'Ambrogio*, Milano 1978; GÉRARD NAUROY, *L'Écriture dans la pastorale d'Ambroise de Milan*, in *Le monde antique et la Bible* («Bible de tous les temps», vol. II), a cura di Jacques Fontaine et Charles Pietri, Paris 1985, 371-408; GIORGIO MASCHIO, *Ambrogio di Milano e la Bibbia*, Brescia 2004 참조.

수 없었던 시간과 공감을 심플리키아누스와 함께 나눌 수 있었을 뿐 아니라, 흔치 않은 풍부한 경험과 지혜를 배울 수 있었다. 열린 마음으로 도움을 청했으며, 언제나 아버지요 스승으로 모셨다.[24] 심플리키아누스는 아우구스티누스에게 지적 길잡이요 영적 지도자였다. 암브로시우스가 펼쳐 놓은 성경 주해와 교리를 심플리키아누스는 철학적·윤리적 차원에서 정리해 주었고, 생동감 넘치는 신앙과 삶으로 그리스도인의 본보기를 보여 주었다. 사람이 되신 말씀께서 보여 주신 사랑

---

[423] 심플리키아누스에 관해서는 LUIGI CRIVELLI, *Simpliciano*, Cinisello Balsamo 1994[2] 참조. 심플리키아누스는 320년경에 밀라노에서 태어난 것 같고, 한동안 로마에서 살았다. 355년 무렵 로마에서, 그리스도교로 개종한 철학자요 수사학자인 가이우스 마리우스 빅토리누스와 깊은 우정을 맺었다. 긴 여정을 거쳐 밀라노에 돌아온 그는 밀라노 교구 사제단의 일원이 되었다. 아우구스티누스는 이 '지극히 경건한 사제'를 기억하여 『심플리키아누스의 다양한 질문』(*De diversis quaestionibus ad Simplicianum*, 396~398년)을 헌정했다. 심플리키아누스는 암브로시우스의 영성 지도 신부이자 자문이었으며, 암브로시우스를 이어 4년 가까이 밀라노의 주교로 일했다(397~400년). 심플리키아누스는 고대 그리스도교 대성당에 묻혔는데, 이 성당은 처음에는 마리아와 모든 동정녀의 이름을 땄다가 이어서 밀라노 시민들이 매우 공경한 순교자들 — 시시니우스, 마르티리우스, 알렉산더 — 에게 봉헌되었고, 나중에 심플리키아누스의 이름을 내걸었다. 1582년 5월 27일에는 사십만 명으로 추산되는 대규모 인파가 모인 가운데 밀라노 역사상 최대 규모의 성인과 순교자 유해 이장식이 장엄하게 거행되었다. 심플리키아누스와 앞서 언급한 세 순교자의 유해는 밀라노의 성인 대주교 네 명 — 게론티우스, 베니그누스, 안토니누스, 암펠리우스 — 의 유해와 함께 장엄 행렬 속에 성 심플리키아누스 성당에서 두오모로 옮겨졌다. 이 사건은 역사에서 '성 심플리키아누스의 이장'으로 기억되고 있는데, 성 카를루스가 이 위대한 주교 심플리키아누스의 성덕과 지혜를 특별히 공경하여 그리스도교 신심의 본보기로 삼고자 했기 때문이다. LUIGI CRIVELLI, *Con San Carlo per le vie di Milano*, Milano 1982 참조.

[24] 『고백록』 8,1,1 참조.

의 표지 안에서, 추상적 개념이 아니라 구체적 증거를 보여 준 것이다.

심플리키아누스의 벗이면서 358년에서 361년 사이에 회심한 빅토리누스의 모범도 한몫을 한다.[25] 심플리키아누스는 무엇보다도 아우구스티누스가 그 당시 탐독하고 있던 신플라톤 철학 서적들이 신앙을 거스르지 않고 오히려 유익하다는 사실을 보여 주려 했다. 신플라톤 철학자들의 저술이 "하느님과 당신 말씀을 여러 방식으로"[26] 제시하고 있다고 보았기 때문이다. 이때부터 아우구스티누스 안에서는 신플라톤 철학과 그리스도교의 만남이 이루어진다. 심플리키아누스는 아우구스티누스를 그리스도의 겸손으로 이끌기 위해 빅토리누스[27]와 같은 유명 인사를 본보기로 제시한다. 빅토리누스는 그리스도의 제자가 되기를 망설이지 않아 로마를 깜짝 놀라게 한 인물이다.[28]▶ 신앙심은 은총과 교회의 친교를 통해 충만해져야 하고,[29]▶ 진리를 증언하려면 용기를 지녀야 한다는 사실을 빅토리누스는 삶으로 보여 주었다.[30]▶

---

[25] 『고백록』 8,2,3 이하.

[26] 『고백록』 8,2,3.

[27] 빅토리누스는 수사학자이면서 철학과 문법 저술가이자 문법학자였으며, 플라톤, 아리스토텔레스, 포르피리우스 등의 저명한 번역가요 탁월한 키케로 주석가이기도 했다. 그의 공적을 기려 로마 트라야누스 광장에 빅토리누스 석상이 세워지기까지 했다(『고백록』 8,2,3 참조). 빅토리누스에 관해서는 PIERRE HADOT, *Marius Victorinus. Recherches sur sa vie et ses oeuvres*, Paris 1971 참조.

살아 있는 교회의 본보기

아우구스티누스는 살아 있는 교회의 귀감을 두 눈으로 보았다. 성찬례에 모인 신자들은 설교를 경청하고 열심히 실천했다. 성전을 지어 올리고 순교자들을 공경하는 도시 밀라노를 그는 직접 보았다. 절망적인 순간에도 뜨거운 믿음과 굳건한 일치 안에서 애쓰는 교회의 저력을 느꼈고, 기도하는 교회의 기쁨과 노래하는 교회의 활력을 체험했다. 밀라노에는 광야에서 고독하게 은수 생활을 하는 공동체들과 그리스도교 수행을 실천하는 공동체들이 있다는 사실도 알게 되었다.[31]

---

[428] 『고백록』 8,2,4. 초세기의 개종과 그리스도교 전파에 관한 일반론은 ARTHUR D. NOCK, *La conversione. Società e religione nel mondo antico*, Mario Carpitella (tr.), Bari - Roma 1985²; GUSTAVE BARDY, *La conversione al cristianesimo nei primi secoli*, Giuseppe Ruggieri (tr.), Milano 2002³; PAUL AUBIN, *Le problème de la «conversion»*. *Étude sur un terme commun à l'hellénisme et au christianisme des trois premiers siècles*, Paris 1963; PAOLO SINISCALCO, *Il cammino di Cristo nell'impero romano*, Bari - Roma 2004⁵; RAMSAY MACMULLEN, *Christianizing the Roman empire (A.D. 100~400)*, New Haven - London 1984; *Conversione e storia*, Palermo 1987 (특히 MARIA GRAZIA MARA, *La conversione di Agostino e la fine del mondo antico*, 37-48); *La conversione religiosa nei primi quattro secoli*, Roma 1987 참조.

[429] 『고백록』 8,2,4 참조.

[430] 『고백록』 8,2,5; 8,5,10 참조.

[31] 『고백록』 8,6,15 참조. 최근 연구에 따르면 밀라노는 성직 수도승생활의 중심지이기도 했다. 무라토리가 생각한 것처럼 가장 오래된 이탈리아 수도원이 밀라노에 존재했을 수도 있다. 성 베네딕도 이전의 이탈리아 수도승생활의 기원에 관해서는 GREGORIO PENCO, *Storia del monachesimo in Italia dalle origini alla fine del Medioevo*, Milano 1995³, 39-41 참조.

교회를 체험한 아우구스티누스는 무심할 수 없었다. 설득력을 지닌 실천적 모범에 감동했고, 직접 보고 권위 있게 들은 것에 깊은 감명을 받았다. 폰티키아누스가 들려준 이야기는 실로 놀라운 것이었다.[32] 특히, 이집트 수도승 안토니우스[33]와 그의 영향으로 회심한 황실의 두 고위 관리와 그 약혼자들[34]에 관한 이야기는 아우구스티누스에게 엄청난 감동을 주었다. 그는 자신이 미처 알지 못했던 신기한 이야기를 듣고 경탄했을 뿐 아니라, 섬광처럼 나타난 삶의 이상을 위하여 경력과 명예와 결혼, 이 모든 것을 포기하는 영웅적 실천에 충격을 받았다. 수도 공동체가 태어나고 퍼져 나가는 장면이 머릿속에 생생하게 그려졌다. 아우구스티누스는 선을 향한 여정에서 자신의 상태가 얼마나 비참하고 어정쩡하고 불확실한지 되돌아보게 되었다. 그러나 비관주의에 빠지지 않고, 어렵기 그지없는 결단을 내리려는 열망을 키워 갔다. 그 결단이란 하느님을 향해 결정적으로 '예'라고 말하는 것이다.

---

[32] 『고백록』 8,6,14 참조.

[33] 251년 이집트 코마에서 태어나 355년 또는 356년에 세상을 떠난 안토니우스는 수도승생활에서 큰 발자취를 남겼다. 그의 생애와 영성은 이집트 알렉산드리아의 주교 아타나시우스가 저술한 『안토니우스의 생애』(357년)를 통하여 전해졌다. 이 작품은 운 좋게도 어마어마한 영향을 널리 끼쳤고, 일찌감치 전기 문헌의 본보기가 되었을 뿐 아니라 수도승생활의 강한 원동력이 되었다.

[34] 『고백록』 8,6,15 참조.

모니카의 눈물과 기도

아우구스티누스의 이 힘겨운 결단에 어머니가 결정적 역할을 한다. 늘 깨어 걱정하던 어머니는 언제나 아들을 따라나설 준비가 되어 있었고, 아들을 위한 싸움에서 결코 물러서는 법이 없었으며, 아들의 회심을 위해 마르지 않는 눈물과 기도를 바쳤다. 어머니의 신심은 모든 장애와 위험을 이겨 내게 하는 힘이었다.[35] 자신이 눈을 감기 전에 잃어버린 아들을 되찾게 되리라는 희망을 저버리지 않았다.[36] 385년 이른 봄[37] 모니카는 밀라노에 있던 아우구스티누스를 찾아갔고, 암브로시우스는 모니카에게 구원의 닻을 내려 주었다. 모니카는 오랜 세월의 근심을 이 섭리의 사람 암브로시우스에게 맡기고 도움을 청했다. 아우구스티누스와 암브로시우스의 만남에서 영근 풍요로운 영적 열매는 모니카 덕분이었다. 암브로시우스 주교의 설교와 성경 해설은 아우구스티누스의 거부감과 회의주의에 돌파구를 만들어 주었고, 가톨릭 신앙은 신뢰할 만하다는 새로운 인식을 싹틔웠다. 암브로시우스와의 만남은 뜻밖의 빛줄기였다. 다시금 토론할 수 있는 기회를 아우구스티누스

---

[35] 『고백록』 6,1,1 참조.   [36] 『고백록』 6,1,1 참조.

[37] 모니카가 밀라노에 도착한 것은 6월(PIERRE COURCELLE, *Recherches sur les Confessions de Saint Augustin*, Paris 1968², 85 참조)이 아니라 이른 봄(AIMÉ SOLIGNAC, *Les confessions*, vol. I, Paris 1980, 141 참조)이라는 것이 통설이다.

에게 주었을 뿐 아니라, 올바른 길을 분명하게 볼 수 있는 내적 안목을 열어 주었기 때문이다.

아우구스티누스의 회심 과정에서 모니카의 주도적 중재 역할이 중요하다면, 그것은 신앙 생활로 몸소 보여 준 증언 덕분이다. 모니카는 전례에 꾸준히 참석하고, 열심히 기도와 찬송을 바쳤으며, 주교의 가르침에 정성껏 귀를 기울였다. 예컨대, 순교자들의 묘지에 음식과 음료를 가지고 가서 먹고 마시는 아프리카 교회의 관행을 암브로시우스가 금지했을 때에도 모니카는 주교의 결정을 충실히 따랐다.[38] 지난 세월보다 내적으로 더 섬세하게 잘 준비되어 있던 아우구스티누스는 모니카에게서 깨우침을 얻었다. 믿는다는 것은 단순한 지성 활동이 아니라, 권위 있는 가르침, 실천적이고 윤리적인 삶, 사랑과 섬김으로 이루어진다는 사실을 깨달았다. 모니카는 한결같고 끈기 있는 삶을 통하여 하느님과 교회에 속하는 일의 참된 의미를 선명하게 요약해 주었다. 끝까지 어머니와 교사로 남기 위해 주님의 영 안에서 고통받고 희망하고 사랑한 여인이었다.[39]

---

[38] 『고백록』 6,2,2 참조.

[39] 모니카의 생애를 개관하려면 GIOVANNI FALBO, *Santa Monica*, Cinisello Balsamo 2003; GIULIETTA SAGINARIO, *Monnica mia madre. Biografia critica della madre di Agostino*, Roma 2005; *Mia madre*, a cura di Agostino Trapé, Roma 2000⁸(아우구스티누스『내 어머니, 모니카』박규태 엮어 옮김, 좋은씨앗 2008) 참조.

신플라톤 철학서

결정적 회심의 발걸음을 내디뎌야 하는 이유를 찾고 이해할 수 있도록 도와주는 사람들이 아우구스티누스를 에워싸고 있었다. 그러나 지적으로는 여전히 검증과 근거가 필요했다. 이 점에서 암브로시우스의 설교, 심플리키아누스와의 교류, 밀라노의 문화 환경에서 이루어진 굵직한 인물들과의 만남은 소중했다. 아우구스티누스는 플로티노스로 대표되는 신플라톤 철학을 읽고 토론하는 모임에 가입했다.[40] 그리스도교 철학과 이교 철학이 서로 얼싸안았다고 해서 놀랄 일은 없다. 사실 로마에서보다 밀라노에서 더 활발히 일어났던 그리스도교 철학과 세속 철학의 만남에서, 그리스도교는 형이상학과 영성의 차원에서 신플라톤 철학의 관념과 직관을 수용하고 있었다. 그러나 그리스도교 메시지의 독창성이 흐려지는 일은 결코 없었다.

---

[40] 신플라톤 철학은 암모니우스 사카가 232년에 세운 알렉산드리아 학파에서 3세기 초반에 태어나, 529년 유스티니아누스 황제가 아테네 철학 학교들의 폐교 칙령을 내릴 때까지 지속된다. 플로티노스는 204년 또는 205년에 이집트 리코폴리스에서 태어나 270년에 로마에서 세상을 떠났으며 『엔네아데스』의 저자다. 그 생애를 알려 주는 주요 원천은 애제자 포르피리오스가 쓴 『플로티노스의 생애』다. 포르피리오스는 플로티노스의 『엔네아데스』도 편집했다. 플로티노스와 신플라톤 철학에 관한 방대한 연구서들 가운데 WERNER BEIERWALTES, *Agostino e il neoplatonismo cristiano*, Milano 1995; GERARD O'DALY, *Platonism pagan and christian. Studies in Plotinus and Augustine*, Aldershot 2001을 참조하라.

아우구스티누스는 플로티노스의 작품을 검토하고, 심플리키아누스, 만리우스 테오도루스, 밀라노의 다른 친구들과 더불어 토론했다. 특히 암브로시우스의 성경 주해를 통하여 플로티노스의 작품을 파고들었다. 사실 암브로시우스는 성경의 개념과 표현을 플로티노스의 사상이나 언어 구조와 뒤섞어 사용하곤 했다. 종교적 고뇌에 빠져 있던 아우구스티누스는 두 가지 커다란 걸림돌을 극복할 수 있는 확실한 버팀목을 찾고 싶어 했다. 그 걸림돌이란 하느님은 물질이라는 사상과 악의 기원에 관한 문제였다. 심플리키아누스의 친구 마리우스 빅토리누스의 번역을 통해 다가간 플라톤 철학이 이 물음에 확실하고 결정적인 답을 주는 듯했다. 이 철학은 아우구스티누스에게 초월 세계에 대한 전망을 열어 주었다. 아우구스티누스는 하느님과 영혼의 영적 실재를 발견했을 뿐 아니라, 인간이 자기 자신을 되찾으면서 하느님을 향하여 올라가고 싶어 하는 내면성을 지니고 있다는 사실을 깨달았다.

그러나 신플라톤 철학 서적들을 읽으며 아우구스티누스 안에 타올랐던 "믿기 어려운 불길"[41]은 또 다른 난관에 부딪혀 금세 사그라졌다. 아우구스티누스를 괴롭히기 시작한 그 어려움은 신학적인 것으로, 인간을 구원하기 위해 인간의 조건

---

[41] 『아카데미아 학파 반박』 2,2,5.

을 겸손하게 받아들인, 말씀이신 그리스도의 중재 문제였다. 신플라톤 철학은 이 핵심적이고 결정적인 문제에 답을 지니고 있지도 않았고, 답을 줄 수도 없었다. 마지막 기둥마저 무너져 내리는 느낌이었다. 아른거리던 항구가 또다시 멀어지는 것 같았다. 그러나 큰 희망은 사라졌지만, 여물기 시작한 진리에 대한 인식은 그에게 더 큰 희망을 열어 주고 있었다.

이렇게 신플라톤 철학은 아우구스티누스가 중심 개념을 잡는 데 유용한 사색 도구로 쓰였고, 극복할 수 없는 철학의 한계를 보여 줌으로써 그리스도교 본질과 진리의 길을 더욱 확실하게 다져 주었다. 신플라톤 철학이 전환점을 마련해 주기는 했으나 아우구스티누스는 그 철학으로 개종하지 않았고, 언제나 회심의 여정 속에 머물러 있었다. 이제 아우구스티누스는 그리스도를 향하여 돌아선다. 어린 시절부터 마음 깊이 간직해 온 이 이름을 향하여 다시금 삶의 방향을 돌린다.[42]

바오로의 계시

성경을 읽기보다 듣는 데 길들여진 아우구스티누스는 찾고

---

[42] 『고백록』 3,4,8 참조.

있던 답을 얻기 위하여 성경의 샘에서 직접 물을 긷기로 했다. 우선 세심한 주의와 관심을 기울이며 사도 바오로를 깊이 연구하고 묵상했다.[43] 바오로는 그를 실망시키지 않았다. 바오로는 많은 의문과 모순을 풀어 주었고, 특히 계시의 하느님께서 가르쳐 주시는 길에서 아우구스티누스와 동행하면서 신앙의 토대를 마련해 주었다. 아우구스티누스는 바오로와 더불어 겸손의 지혜로 나아갔다.[44] 예수 그리스도를 통하여 마련해 주신 하느님의 섭리는 오직 겸손으로만 알아뵙는 법이다.[45] 아우구스티누스는 구원의 길이신 그리스도의 모범으로 자신이 나아가야 할 목적지와 그 목적지에 다다르기 위해 걸어가야 할 길을 배웠다.[46] 아우구스티누스는 바오로 서간을 읽으면서 인생길을 찾았으니,[47] 바오로 사도야말로 계시자인 셈이다. 하느님께서는 바오로를 도구 삼아 아우구스티누스의 정

---

[43] 『아카데미아 학파 반박』 2,2,5 참조. 『고백록』 7,21,27에서는 아우구스티누스가 "커다란 열심에 사로잡혀"(avidissime arripui) 바오로 서간을 읽었다고 한다.

[44] 『고백록』 7,20,26 참조.

[45] 『고백록』 7,21,27 참조.

[46] 『고백록』 7,20,26 참조.

[47] 아우구스티누스가 읽고 사용한 바오로 서간에 관해서는 BRUNO DELAROCHE, *Saint Augustin lecteur et interprète de saint Paul dans le "De peccatorum meritis et remissoine"* (hiver 411-412), Paris 1996; *Agostino interprete di Paolo. Commento di alcune questioni tratte dalla Lettera ai Romani – Commento incompiuto della Lettera ai Romani*, a cura di Maria Grazia Mara, Milano 1993; *Engaging Augustine on Romans*, edited by Daniel Patte and Eugene TeSelle, Harrisburg 2002 참조.

신에서 흐릿한 너울을 걷어 내 주셨고, 이루 말할 수 없는 당신 선물을 보여 주시며 영원한 소명으로 불러 주셨다.

이성의 저항은 무너졌으나, 뿌리 깊은 비윤리적 생활 습관의 저항은 상존하고 있었다. 그리스도의 곧은길은 윤리적 차원에서도 희생과 결단을 요구했다. 바오로도 주님을 섬기기 위한 필수 단계로서, 욕망과 불결한 욕정을 포기하라고 분명하고도 단호하게 권고하고 있었다.[48] 그러나 결정의 순간은 언제나 괴롭고, 마음을 갈기갈기 찢어 놓기 마련. 지난 삶을 떨쳐 버리고 새로운 삶에 열중하는 그 영혼 상태를 『고백록』에 번듯하게 써 내려가기는 어려웠으리라. 마음은 이미 자유롭고 행복했으나, 몸은 어렵사리 그 마음을 따라가고 있었다.

---

[48] 『고백록』 8,12,29 참조.

5
귀향歸航

예로부터 회심이라 하면 눈 깜짝할 사이에 이루어지는 특성을 지니지만, 아우구스티누스의 회심은 점진적으로 진행된 영적 여정이었다. 밀라노 집 정원에서 받은 빛(照明)은 회심의 결정적 순간이었다. "집어서 읽어라, 집어서 읽어라"Tolle lege, tolle lege 하는 소리에 급히 돌아가 바오로 서간을 집어서 읽어 보니, "흥청대는 술잔치와 만취, 음탕과 방탕, 다툼과 시기 속에 살지 맙시다. 그 대신에 주 예수 그리스도를 입으십시오. 그리고 욕망을 채우려고 육신을 돌보는 일을 하지 마십시오"(로마 13,13-14)라는 말씀이 자신을 초대하고 있었다. 그 순간 모든 의혹의 어두움은 스러지고, "확실성의 빛"lux securitatis[1]에 휩싸였다. 그의 삶을 근본적으로 바꾸어 놓은 이 확실성에 이르

---

[1] 『고백록』 8,12,29.

는 길은 여러 단계로 이루어져 있다.

회심의 특성

아우구스티누스는 회심의 첫 단계에서 자기 안에 있는 것들을 모조리 비워 내야 했다. 수많은 체험과 만남을 거듭하고 책을 읽으면서, 옛 인간 아우구스티누스가 추구해 온 것은 그림자에 지나지 않았음을 깨닫게 되었다. 그를 위험한 속임수로 끌어들인 것은 허망하기 짝이 없는 것들이었다. 이제야 확실한 빛을 만났다는 생각이 들었지만, 허섭스레기를 쌓아 올리느라 헛되이 보낸 숱한 세월이 쓰라리지 않을 수 없었다. 해롭고 부질없는 것들이 참되고 영원한 보물의 자리를 차지하고 있었기 때문이다.

심리적·정신적 차원에서 이루어진 회심은 성령에 맞갖은 생각과 믿음으로 온전히 변화하도록 준비시키는 예비 단계였다. 회심의 둘째 단계는 신학적·영성적 차원에서 이루어진다. 이는 완고하고 천박한 이성주의가 이성뿐 아니라 신앙도 받아들이는 여정인데, 하느님에 대한 올바른 전망뿐 아니라 교회의 권위와 성사의 친교에 대한 온전한 인식을 지니기까지 자신을 바로잡으며 성장해 나가는 과정이다.

회심의 셋째 단계에서는, 신앙이란 머리로 이해하는 것만
으로는 충분하지 않고, 믿는 바를 삶으로 살아 내는 일이 참
으로 어렵고도 중요하다는 사실을 깨닫게 된다. 윤리적 회심
은 아우구스티누스에게 더 많은 희생을 요구했다. 단호하면
서도 냉철하게 인생 역정의 속살을 고스란히 드러낸 채, 그리
스도인다운 삶을 받아들이기 위하여 자기 자신과 끊임없는
싸움을 벌여야 했다. 어린 시절 신앙에서 멀어지게 했던 대부
분의 논제들은 명쾌한 철학적 · 종교적 논증을 거쳐 그 힘을
잃어버렸지만, 욕정의 무게와 뿌리 깊은 비윤리적 삶의 습관
은 영혼을 마비시켜 결정적인 발걸음을 뗄 수 없도록 가로막
고 있었다.[2] 아들 아데오다투스의 어머니와 오랫동안 지속해
온 동거가 첫째 문제였다. 그 여인은 모니카의 끈질긴 요청으
로 아우구스티누스의 결혼에 걸림돌이 되지 않기 위하여 조
용히 무대 뒤편으로 사라진다.[3] 아들을 아우구스티누스에게
남겨 둔 채 홀로 아프리카로 돌아가 봉헌된 삶을 살았다.[4] 동

---

[2] 『고백록』 8,7,18 참조.

[3] 『고백록』 6,15,25 참조.

[4] 『고백록』 6,15,25 참조. 아데오다투스 어머니의 모습을 이야기 형식으로 재구성한 NORIS DE ROCCO, *La donna senza nome*, Barzago 2002 참조. 아우구스티누스는 자신의 동거녀에 관하여 매우 간략한 정보만 전해 줄 따름이다(『고백록』 6,15, 25 참조). 이름도 알지 못하는 이 여인은 아프리카로 떠나면서 '다시는 남자를 알지 않겠노라'고 하느님께 약속하고 아들 아데오다투스를 아우구스티누스에게 남겨 두었을 뿐, 아프리카로 돌아간 후의 삶에 관해서는 알려진 것이 없다. "봉헌된 삶을 살았다"는 말은 지나친 해석이거나 가설이다 — 역자 주.

거녀와 헤어질 수밖에 없었던 까닭은 서로 사회적 신분이 달라 합법적으로 결혼할 수 없었기 때문이었을 것이다. 그러나 아우구스티누스는 신분에 어울리는 결혼을 기다리면서도 또 다른 여인과 관계를 맺었다. 고삐 풀린 욕정의 노예가 된 그는, 약혼녀를 결혼으로 맞아들일 때까지 견딜 수 없었던 것이다.[5] 결국, 결혼 자체가 그에게는 작지 않은 문제였다. 그가 새롭게 꿈꾸게 된 이상적 삶이란, "욕정에 대한 열망의 사슬"vinculum desiderii concubitus[6]인 죄스러운 애정에서 벗어나는 것뿐 아니라, 더 완전한 삶을 선택하기 위하여 부부애의 합법적 기쁨마저 포기하는 것이었기 때문이다. 이러한 시각으로 보면 아내와 가족은 걸림돌이나 제약인 셈이다.

선한 의지의 승리

결심을 실천에 옮기기 위해서는 과거와 단절할 필요가 있었다. 아우구스티누스에게 부족한 것은 옛 사슬을 끊어 버릴 새

---

[5] 『고백록』 6,15,25 참조. "[그] 여인조차 본받지 못할 만큼 불행했던 나는, 청혼한 여인을 맞아들이기까지 두 해나 미루어지는 것을 견디지 못해 아내가 아닌 다른 여자를 두었습니다. 그것은 내가 결혼을 사랑하는 사람이어서가 아니라 육욕의 노예였기 때문입니다."

[6] 『고백록』 8,6,13.

롭고 단호한 의지였다. 정욕의 노예 상태에서 죄의 버릇이 생기고, 죄의 버릇은 죄를 지을 수밖에 없는 상태를 만들어 내기 때문이다.[7] 선과 악이 서로 밀고 당기는 영혼의 싸움에서 아우구스티누스는 "습관의 폭력"violentia consuetudinis[8]에 상처투성이가 되어 있었다. 아우구스티누스의 망설이는 마음과 태도가 『고백록』에 진솔하면서도 섬세하게 담겨 있다.

> 나는 마치 꿈을 꾸듯 세속의 짐에 달콤하게 짓눌려 있었습니다. 내가 당신 안에서 명상하던 생각들은, 깨어나려고 하면서도 깊은 잠을 못 이겨 다시 잠에 빠지고 마는 것과 같았습니다. 늘 잠만 자고 싶은 사람은 아무도 없듯이, 모든 이의 건전한 판단으로는 깨어 있는 것이 더 낫습니다. 그러나 무거운 졸음이 온몸을 짓누르면 흔들어 잠을 깨우는 일도 미루게 됩니다. 일어날 시간이 되어도 졸음이 기분 좋게 사로잡습니다. 이처럼 나도 나의 욕정에 내맡기기보다 당신 사랑에 나를 바치는 것이 분명 더 낫다고 여기고 있었습니다. 그러나 저것이 마음에 들고 솔깃하면서도 이것이 즐겁고 마음을 사로잡아 버렸습니다. 그리하여 "잠자는 사람아, 깨어나라. 죽은 이들 가운데에

---

[7] 『고백록』 8,5,10; 8,5,11 참조.
[8] 『고백록』 8,5,12.

서 일어나라. 그리스도께서 너를 비추어 주시리라"(에페 5,14)고 나에게 말씀하시는 당신께 드릴 대답이 없었습니다. 당신께서 참된 것을 말씀하신다는 사실을 어느 곳에서나 보여 주셨지만, 나는 진리를 확신하는 사람답게 대답할 것이라고는 아무 것도 없었습니다. 기껏 느려 빠진 잠꼬대 같은 말로 '잠깐만', '아, 잠깐만', '잠깐만 참아 주세요'였습니다. 그러나 '잠깐만, 잠깐만'이라는 것은 대중이 없었고, '잠깐만 참아 주세요'라는 것은 오래도 갔습니다.[9]

아우구스티누스의 박약한 의지는 이처럼 지속적인 패배를 겪었다. 자신의 사슬을 묶고 있던 끈이 세월의 흐름 속에서 가늘어져 갔지만, 질기고도 끊어지지 않는 사슬에 예전보다 더 세게 묶이지는 않을까 걱정할 지경이었다.[10]

나는 속으로 나에게 이렇게 말했습니다. '자, 이제 하자꾸나. 이제 하자꾸나.' 이미 말로는 결심으로 옮기고 있었지만, 시늉은 하면서도 정작 그리하지는 않았습니다. 그럼에도 옛날로 되돌아가지는 않았고, 언저리에 서서 숨만 고르고 있었습니

---

[9] 『고백록』 8,5,12.
[10] 『고백록』 8,11,25 참조.

다. 나는 거듭 애를 썼지만 거기에 조금 못 미쳐 있었습니다. 정말 조금 못 미쳐 있었지만 이미 만지고 붙잡은 셈이었습니다. 그러나 나는 거기 있지 않았고 만지고 붙잡지 않았습니다. 죽음에 죽는 일과 생명에 사는 일을 망설이고 있었기 때문입니다. 더 낫지만 익숙지 않은 것보다는, 더 못하지만 오래된 것이 내 안에서는 더 힘이 세었습니다. 내가 또 다른 무엇이 될 그 시점이 가까이 다가올수록 나는 더 큰 두려움에 부딪혔습니다. 그러나 뒤로 꽁무니를 빼거나 돌아서지는 않았고 그저 머뭇거릴 따름이었습니다.[11]

마침내 선한 의지가 승리를 거둔다. 묵은 것들이 더욱 애처로운 소리로 불러 댔지만, "금욕의 순결한 품위"casta dignitas continentiae[12]는 평온하고 고결한 미소로 아우구스티누스를 끌어당기기 시작했다. 어린이와 젊은이를 비롯하여, 다양한 나이의 사람들, 점잖은 과부들과 늙은 동정녀들의 훌륭한 모범을 존경하게 되었으니, 그들은 기쁘고 풍요로운 삶을 이미 발견하고 선택한 사람들이었다.[13]

---

[11] 『고백록』 8,11,25.
[12] 『고백록』 8,11,27.
[13] 『고백록』 8,11,27 참조.

하느님 체험

이 힘겨운 의지의 암초를 이겨 낸 아우구스티누스가 다가오는 해방을 어떻게 느꼈을지 넉넉히 상상할 수 있다. 결혼을 비롯한 온갖 세상 계획과 야심을 포기하고 신앙의 핵심 원리에 매달렸다. 사악한 의지의 마지막 올가미를 찢어 버렸고, 격렬한 폭풍 뒤에 불어난 눈물[14] 덕분에 심연에서 떠오르기 시작했으며, 마침내 갈망하던 항구를 보게 되었다. 이 결정적 순간에 터져 나온 탄성과 기도, 주님을 만나는 기쁨과 평화를 맛본 영혼의 외침이 얼마나 절절했을지 어렵잖게 이해된다.

  이 회심의 여정을 요약하자면, 지적 연구가 결핍된 미신이나 푸닥거리쯤으로 여겼던 그리스도교를 완전히 이성적인 종교로 받아들이는 과정이라 할 수 있다. 그러나 그 계기는 단순한 철학적 회심도 아니고, 이성적 이해를 바탕으로 한 종교적 회심도 아니다. 아우구스티누스 안에서는 인생의 주춧돌과 역동적 신앙의 원리이신 성령께서 일하고 계셨다. 더 그럴듯한 신 개념神概念만으로는 채워질 수 없는 그 무엇이 있었다. 아우구스티누스가 젊은 시절 정처 없는 항해를 할 때에도 그러하였듯이 항구로 되돌아오는 여정 속에서도 이성은 필요했

---

[14] 『고백록』 8,12,28 참조.

다. 그러나 그것만으로는 충분치 않았다. 정작 중요한 것은 삶 속에 하느님을 모시고, 당신 지혜와 진리를 친밀하고 충만하게 체험하는 일이었다.

이렇게 아우구스티누스는 자신의 여정에서 떼려야 뗄 수 없는 지적 시기와 종교적 시기를 거쳐 마침내 하느님을 찾아냈다. 그 하느님은 마음의 모든 불안과 설렘에 대한 완전하고 결정적인 답이었다. 아우구스티누스는 『독백』 첫머리의 감동적인 기도에서, "참되고 지고한 생명이신 하느님, 참되고 지고하게 사는 모든 것이 당신 안에서, 당신으로 말미암아, 당신을 통해서 삽니다"[15]라고 외친다. "나는 당신만을 사랑합니다. 나는 당신만을 따릅니다. 나는 당신만을 찾습니다. 나는 당신만을 섬길 준비가 되어 있습니다."[16] 이 찬미는 하느님과 이루는 친교에서 비롯한 안녕과 평화를 기쁘게 체험하고, 그분을 향해 오롯이 나아가려는 이의 증언이다. 아직도 풀어야 할 여러 가지 신학 문제들이 남아 있었지만, 아우구스티누스는 자신이 걸어가야 할 방향을 확신하고 있었다. 오류투성이의 옛 삶이 허물어졌고, 교회의 권위가 명하는 바를 받아들였으며, 복음의 가르침을 실천할 준비가 되어 있었다. 마침내 그리스도인의 희망이 무엇인지 깨닫게 되었고, 돌아오는 여

---

[15] 『독백』 1,1,3.
[16] 『독백』 1,1,5.

정 속에서 자신을 동반해 준 은총에 힘입어 그 은총을 자기 삶의 토대로 삼고자 했다.[17]

명상의 시간

이렇듯 회심은 아우구스티누스를 새로운 선택 앞에 데려다 놓았다. 아우구스티누스는 "하찮은 것들의 달콤함"suavitas nugarum[18]을 포기하고, 지난날의 어지러운 생각들을 떨쳐 버렸다.[19] 우선 수사학 교수직을 그만두기로 결심했다. 이제 그 직장은 "수다의 장터"nundina loquacitatis[20]에 지나지 않았다. 게다가 건강마저 좋지 않았다. 호흡이 힘들었고, 가슴에 통증을 느껴 말하기조차 힘들었다. 더 이상 교수직 같은 힘겨운 일을 수행할 수 없었다. 그러나 가르치는 일을 당장 그만두지는 않았다. 불필요한 비난이나 억측을 불러일으키고 싶지 않았고, 학기말이 거의 다가왔기 때문이었다.[21] 포도걷이 방학까지 기다렸다가 사직서를 내기로 했다.[22]

---

[17] 아우구스티누스 회심의 다양한 요인들에 관해서는 *Agostino e la conversione cristiana*, a cura di Adriano Caprioli e Luciano Vaccaro, Palermo 1987 참조.

[18] 『고백록』 9,1,1.   [19] 『고백록』 9,1,1 참조.
[20] 『고백록』 9,2,2.   [21] 『고백록』 9,2,3 참조.
[22] 『고백록』 9,5,13 참조.

386년 8월 23일부터 10월 14일까지 밀라노에서 지낸 방학은, 이미 마음속으로는 접었지만 그를 짓눌러 온 일거리에서 해방된 자유로운 휴식이었고, 최근 몇 달 동안의 긴장과 고생 끝에 맞는 충전 기회였다. 친구이자 동료인 베레쿤두스는 밀라노에서 그리 멀지 않은 카시키아쿰[23]에 별장을 가지고 있었다. 그는 아우구스티누스가 기운을 차려 성숙한 결정을 내리기까지 필요한 시간만큼 지내도록 너그럽게 허락해 주었다. 아우구스티누스는 그 초청을 받아들였고, 이 기회에 가족, 친구들과 함께 형제애와 대화를 나누는 새로운 경험을 했다. 카시키아쿰의 베레쿤두스 별장에는 어머니 모니카, 형제 나비기우스, 아들 아데오다투스, 친구 알리피우스, 사촌 형제 라르티디아누스(또는 라스티디아누스)와 루스티쿠스, 그리고 같은 고

---

[23] 아우구스티누스가 머물렀던 카시키아쿰(Cassiciacum)에 상응하는 지역이 어디인지에 대해서는 논란이 분분하다. 역사 증거와 지명학 문헌과 고고학 연구와 지역 신심 전통(600년부터)에 따르면, 고대 카시키아쿰은 아마도 지금의 카사고 브리안차(Cassago Brianza, 밀라노 교구의 레코 지방)일 수도 있다. 한편 역사·언어학적 이유로 카시키아쿰은 카시아고(Casciago, 바레세)라는 주장도 있어 여전히 논의의 여지가 남아 있다. 이 주제에 관한 최근의 연구 가운데 '카사고'라는 주장은 LUIGI BERETTA, *S. Agostino e Cassiciaco*, Cassago Brianza 1982; *La stagioni di Sant'Agostino in Brianza*, a cura di Franco Cajani, Besana Brianza 1986; '카시아고'라는 주장은 DANTE ISELLA, *Alessandro Manzoni e il «rus Cassiciacum» di S. Agostino*, Casciago 1986; GIANFRANCO GARANCINI, *Il perché di Casiago*, «Diocesi di Milano-Terra ambrosiana» 28 (1987) 1, 50-53; LUIGI BERETTA, *Rus Cassiciacum: bilancio e aggiornamento della vexata quaestio*; SILVANO COLOMBO, *Ancora sul Rus Cassiciacum di Agostino*, in *Agostino e la conversione cristiana, op. cit.*, 68-83과 85-92 참조.

향 출신의 두 제자 트리겐티우스와 리켄티우스가 있었다.

386년 11월 초순(10일경) 그들은 철학 토론을 시작한다. '대화집'[24]이라는 이름을 얻게 되는 이 토론은 아우구스티누스의 왕성한 저술 활동의 시작을 알리는 것이었다. 이 작품들에서 아우구스티누스는 철학 사상과 고전 전통의 수많은 주제들을 발전시켰고, 그리스도교 메시지와 체험을 바탕으로 대조하고 재해석했다. 분명 아우구스티누스는 고전 '지혜'의 유산을 거부하지 않았다. 그는 플라톤 철학과 신플라톤 철학의 고전 연구를 비롯한 그리스철학을 그리스도교 신앙의 새로운 내용과 종합해 냈다. 진리를 찾고 행복을 소유하는 길, 세상 재물과 껍데기를 멀리하고 지혜를 얻는 길 등은 카시키아쿰 '대화집'의 중심 주제들이다. 그 주제들은 이상적이거나 순수철학적인 문제 제기에 그치지 않는다. 아우구스티누스의 모든 성찰의 마지막 말은 언제나 하느님의 지혜와 진리다. "그리스도의 권위"Christi auctoritas[25]가 이 지혜와 진리를 알게 해 주었고, 이제는 가지런한 인생을 충만한 정신으로 살아가게 되었다.

---

[24] 카시키아쿰의 '대화집'은 다음 네 가지다. 『아카데미아 학파 반박』(*Contra Academicos*), 『행복한 삶』(*De beata vita*), 『질서』(*De ordine*), 『독백』(*Soliloquia*). 아우구스티누스는 카시키아쿰에서 밀라노로 돌아온 뒤 세례 받기 전에 『영혼 불멸』(*De immortalitate animae*)도 썼다. 이 작품들에 관해서는 학술 대회 자료집(1986년 10월 1~4일) 전반부 «Agostino nelle terre di Ambrogio», in *L'opera letteraria di Agostino tra Cassiciacum e Milano*, Palermo 1988 참조.

[25] 『아카데미아 학파 반박』 3,20,43.

『독백』*Soliloquia*은 카시키아쿰의 '대화집' 가운데 철학하는 이유를 심리적으로나 정서적으로 잘 설명하고 요약해 낸 작품이다. 철학은 생생한 신앙 체험에 틀을 제공함으로써, 영으로 하느님을 찾아 나서게 하고 하느님의 빛을 향하여 조화롭게 걸어가게 한다.

'대화집'의 이러한 성찰은 카시키아쿰의 여유롭고 명상적인 분위기와 잘 어우러진다. 아우구스티누스는 기도와 성경 묵상을 통해 하느님의 말씀을 들음으로써 열매를 맺는다. 카시키아쿰에서 중요한 관상생활을 체험했고, 특히 시편과 바오로 서간을 통하여 신앙의 깊이를 더하는 진지한 노력을 기울였다. 시편은 아우구스티누스 작품 전체에 영감을 주는 원천이 되고, 바오로 서간도 아우구스티누스의 사상 발전에 중요한 구실을 하게 된다.

카시키아쿰은 아우구스티누스에게 휴식 공간, 개인 연구, 공동체 체험과 같은 풍요로움을 선사해 준 오아시스였다. 아우구스티누스는 자기 별장을 제공해 준 베레쿤두스에게 고마운 마음을 표현한 바 있는데, 카시키아쿰 시절이 자신을 되찾고 신앙 안에서 성숙하고 미래의 삶을 위한 하느님의 계획 속에 들어가는 데 얼마나 큰 도움이 되었는지 분명히 밝힌다.[26]

---

[26] 『고백록』 9,3,5 참조.

세례 지원

387년 3월 초 아우구스티누스는 세례를 준비하기 위해 다시 밀라노로 갔다. 세례로 교회에 입문하기 위한 준비 과정인 세례 지원기는 2세기 말에 이미 그리스도교 공동체 안에서 이루어지던 전례 교육과 사목 교육으로 짜였다. 교육 목표는 교리를 가르치고, 종교적 실천과 그리스도교 덕행 훈련을 통하여 그리스도교에 입문하려는 이들의 여정을 동반하는 것이었다.[27] 밀라노에서는 예비신자들을 두 동아리로 구별했다. 곧, 그리스도교에 갓 입문한 단순 '예비신자들'catechumeni과 이미 세례 등록을 한 '세례 지원자들'competentes이었다. 그 해의 부활절 날짜를 공지하는 주님 공현 대축일부터 사순절 시작 때까지 주교는 성사의 의미를 일깨워 주었고, 부활 성야에 집전될 세례에 예비신자들이 등록하도록 초대했다. 단순한 예비신자는 세례명을 정하여 받는 순간 세례 지원자가 되었다.

---

[27] 초세기 세례 지원기와 세례 관행의 기원과 발전에 관해서는 ANDRÉ BENOÎT / CHARLES MUNIER, *Le baptême dans l'Église ancienne(I^e-IIIe siècles)*, Berne 1994; VICTOR SAXER, *Les rites de l'initiation chrétienne du IIe au VIe siècle*, Spoleto 1993²; GIUSEPPE CAVALLOTTO, *Catecumenato antico. Diventare cristiani secondo i Padri*, Bologna 1996; 특히 WILLIAM HARMLESS, *Augustine and the cathecumenate*, Collegeville 1995; VITTORINO GROSSI, *La catechesi battesimale agli inizi del V secolo. Le fonti agostiniane*, Institutum Patristicum «Augustinianum», Roma 1993 참조.

이 유익한 기간 동안 그들이 무엇을 했는지는 모른다. 아우구스티누스는 세례 등록 때가 되어 아데오다투스, 알리피우스와 함께 카시키아쿰 별장을 떠나 밀라노로 돌아갔다는 사실만 전해진다.[28] 아마도 세례 등록 마감이 사순절의 시작(387년 3월 10일)과 맞아떨어졌을 것이고, 아우구스티누스는 그 얼마 전에 밀라노로 떠났을 것이다.

세례를 허락받은 사람들의 세례 준비는 사순시기 내내 이루어졌다. 성인 세례 준비는 주교가 직접 챙기는 중요한 사목 임무였다. 암브로시우스도 특별한 경우가 아니고는 사순시기 동안 밀라노를 비우지 않았다.[29] 한편, 신앙교육을 받아 그리스도교 윤리 계명에 따라 살아가도록 불린 이들에게는 특별한 전례 예식뿐 아니라 교회의 친교 생활로 이끌어 줄 수 있는 권위와 통찰력과 혜안을 갖춘 사람이 필요했다.

세례 지원자들은 영세자를 위한 특별 기도와 정화 의식을 거행하는 전례에 규칙적으로 참례해야 했다. 개인기도와 공동체기도에는 절제와 금욕이 동반되었는데, 삶을 바꾸려는 진정한 열망을 드러내고 욕정을 다스리며 참회 정신으로 수행하기 위해서였다.

---

[28] 『고백록』 9,6,14 참조.
[29] 393년 암브로시우스는 에우게니우스 황제가 밀라노 가까이 오자 현명하게 도시를 떠났다.

모름지기 그리스도교 수덕 훈련이란 윤리 계명과 신앙 진리를 심화하는 일이었다. 암브로시우스는 성경 독서와 주해를 통해 삶의 다양한 현실과 상황에 적응시키는 교육을 펼쳤다. 암브로시우스의 설교는 구약의 위대한 인물들과 본보기 덕행들(온유, 용기, 정의 등)을 바탕으로 한 조화롭고 효과적인 윤리 교육이었다. 이와 더불어 교리와 성사 해설을 통해 신앙을 성숙시키는 여정도 마련해 주었다. 대부분의 예비신자들은 그리스도교에 대한 개괄적이고 불완전한 인식만 지니고 있었으므로, 교리교육은 기본 원리(세상의 창조주이신 하느님의 존재, 우상숭배를 끊어 버림, 인류의 구원자이신 그리스도의 가르침)에서 시작하여 그리스도교 교의의 본질적 진리를 설명해 주어야 했다.

　세례 전 교리교육은 부활절 전 주일에 거행되는 '신경 전수'信經傳授(Traditio symboli)로 마무리되었다. 신경 전수는 사도신경에 요약되어 있는 신앙 조항들에 관한 단순하면서도 친숙한 교리교육이다.[30] 우선 신경의 명칭과 기원에 관하여 소개한 다음 십자성호를 긋고 신경을 외웠으며, 주교는 신경 열두 조항에 대한 개괄적 설명과 간략한 해설을 덧붙였다. 끝으로 다

---

[30] '사도신경'이라 불리게 될 가장 오래된 초세기 신경 형식은 『사도전승』[215년경에 저술된 짧은 작품으로서 히폴리투스(170?-235?)가 썼으리라고 추정. 히폴리투스 『사도전승』 이형우 역주, 분도출판사 1992 참조]까지 거슬러 올라간다. 『사도전승』은 교회 조직의 원리, 규정, 지침, 전례 관행, 공동체 생활을 요약해 놓은 중요한 문헌인데, 고대 교회는 이 문헌을 지침 삼아 사도들의 '전통'(traditio)을 모든 신자에게 해석해 주었다.

시금 네 조항씩 모아서 설명한 다음 세례 지원자가 신경을 암기하도록 이끌었다. 신경은 글로 쓴다거나 비신자들에게 알려 주지 못하도록 되어 있었기 때문이다.

세례

밀라노의 관행에 따라 부활 성야에 집전될 세례를 받기 전에 아우구스티누스와 아들 아데오다투스, 친구 알리피우스도 이러한 교리교육을 정성껏 받았을 것이다.

세례식 첫머리에 주교는 예수님께서 귀먹고 말 더듬는 이를 고쳐 주신 행위를 기억하면서 영세자의 (입이 아니라!) 귀와 코를 만지며 "에파타!"("열려라!")라고 외친다(마르 7,34 참조). 이는 세례를 통하여 인간 안에서 놀라운 일을 행하신 예수님, 곧 그리스도의 신비를 듣고 그리스도의 향기를 느낄 수 있게 해 주신 그분과 만난다는 뜻이다.

그런 다음, 자신이 받은 신앙에 맞갖게 살아가기 위해 치러야 할 투쟁에서 그리스도의 전사가 될 수 있도록 세례대에서 기름을 바른다.

이어서 마귀와 악습과 유혹을 끊어 버리면서, 마귀의 자리인 서쪽으로 앉았던 영세자는 그리스도의 자리인 동쪽으로 돌아앉는다. 세례수 축복은 악령에서 해방시키시는 그리스도의 은총을 청하는 기도다. 세례의 샘 안에 들어간 후보자는 주교가 "전능하신 하느님 아버지를 믿습니까?", "주 예수 그리스도와 그분의 십자가를 믿습니까?", "성령을 믿습니까?"라는 세 차례 물음을 던질 때마다 물에 잠기면서 "믿습니다"라는 응답으로 신앙을 고백한다. 밀라노 예식에서는 이 순간 발도 씻었는데, 모든 욕정과 탐욕으로부터 꿋꿋할 수 있는 은총을 주십사는 것이었다.

세례가 끝나자마자 새 영세자에게 죄의 용서와 다시 얻은 결백의 상징인 흰옷을 입혔다. 세례와 함께 견진도 집전되었다. 마침내 새 영세자는 입당 행렬로 다시 교회에 들어가 제대를 향해 나아갔으며, 거기서 처음으로 미사에 참례하고 성찬의 식탁에 앉을 수 있었다.[31]

387년 부활 성야(4월 24일), 아우구스티누스는 아데오다투스, 알리피우스와 함께 이 은총의 순간을 살아가도록 부름 받았다. 성 테클라 주교좌 대성당 곁에 있는 '샘의 성 요한'San Giovanni alle Fonti 세례당에서 암브로시우스로부터 세례를 받았다. 이 세례당은 현재 두오모 맞은편에 있다.[32] 그 거룩한 밤의 기

---

[31] 밀라노의 그리스도교 입문과 세례 집전 과정에 관해서는 MONACHINO, *S. Ambrogio e la cura pastorale a Milano nel secolo IV*, Milano 1973; MARCO NAVONI, «Settimana santa», in *Dizionario di liturgia ambrosiana*, a cura di Marco Navoni, Mialno 1996 참조.

억을 『고백록』은 짧게 암시하고 있다.

> 마침내 우리는 세례를 받았고, 지난 삶의 근심거리가 우리에게서 달아났습니다. 그 무렵에는, 인류 구원을 위한 당신의 높으신 계획을 곰곰이 생각하는 놀라운 기쁨이 그리 만족스럽지는 않았습니다. 당신을 향한 찬송과 노래, 아름답게 울려 퍼지는 당신 교회의 소리에 몹시 감동하여 나는 얼마나 울었는지요! 그 소리들은 내 귀에 흘러들었고, 진리는 내 마음에 녹아들었습니다. 거기서 경건한 사랑이 타올랐고 눈물이 흘러내렸습니다. 저는 눈물과 더불어 마냥 좋기만 했습니다.[33]

그토록 엄청난 사건을 담아내기에는 너무나도 간결해 보이는 이 짧은 말로써 그때의 감격과 감동뿐 아니라, 도무지 기억을 더듬어 옮겨 적을 수 없는 그 영원한 순간의 행복을 표현하고

---

[32] 4세기 중반에 세워진 성 테클라 대성당은 다섯 개의 중랑(中廊)을 지닌 대규모 건축물이다(너비 45.3미터, 길이 67.6미터). 378년경 암브로시우스는 성 테클라 대성당 제대 뒤쪽의 애프스 한편에 '샘의 성 요한'(San Giovanni alle Fonti) 세례당을 만들었다. 이는 그리스도교 최초의 팔각형 세례당이며, 중세에 이르기까지 수많은 건축물들이 그 형태와 의미를 본떴다. MARIO MIRABELLA ROBERTI / ANGELO PAREDI, *Il battistero ambrosiano di San Giovanni alle Fonti*, Milano 1974; *Il battistero di S. Giovanni alle Fonti*, in *La mia conversione. Milano nell'itinerario spirituale delle «Confessioni»*, a cura di Angelo Majo e Giuliano Vigini, Milano 1986, 95-98; CARLO FERRARI DA PASSANO, *Il battistero di S. Giovanni alle Fonti*, in *Sant'Agostino nel Duomo di Milano*, Milano 1987, 25-28 참조.

[33] 『고백록』 9,6,14.

있다. 오랜 세월이 지나 해방의 순간을 떠올리는 사람에게 정작 중요한 것은 세세한 순간들이 아니라, 유일하고 위대한 결정적 순간, 하느님의 자비가 구원으로 이끌어 준 바로 그 순간일 것이다. 은총의 선물을 통해 드러난 사랑의 신비를 묵상하고 하느님을 알아 갈수록 말수는 줄고 침묵은 깊어져, 세례 이야기는 단순해지고 내면화된다. 세례 사건 자체가 아니라 하느님께서 그들 안에서 이루신 업적과 그 열매에 초점이 맞추어지기 때문이다. 아우구스티누스가 남긴 짤막한 이야기 속에 세례를 통해 이루어진 엄청난 사건들이 내적 성찰을 거쳐 재구성되어 있다. 삶이 송두리째 바뀌었고, 그리스도를 섬기는 새로운 모험이 시작되고 있었다.

6
수도승생활과 사목 활동

세례 받은 지 몇 달 뒤 아우구스티누스는 모니카와 친구들과 더불어 고향으로 돌아갈 채비를 차렸다. 더는 밀라노에 남아 있을 이유가 없었기 때문이다. 이들 모두는 어서 아프리카로 돌아가 새로운 신앙 생활을 증거하고, 행복했던 카시키아쿰에서의 공동체 생활을 계속 엮어 가고픈 뜨거운 열망으로 타올랐다. 아프리카로 가는 배를 타기 위해 로마를 거쳐 오스티아 항구에 이르는 여정은 순탄치 않았던 것 같다. 예상보다 더 오래 걸렸을 수도 있고, 매우 불편했던 것만은 분명하다. 밀라노에 갈 때처럼 공적 교통수단을 사용할 권리를 더 이상 누릴 수 없었던 아우구스티누스는 일반 마차를 사용해야 했을 것이고, 한여름 불볕더위도 견뎌 내야 했기 때문이다. 오스티아에는 인적이 드물고 항구의 소음에서 벗어난 조용한 집이 그들을 기다리고 있었다. 거기서 그들은 "긴 여행의 고생 끝에"[1] 쉴 수 있었다. 바다를 가로지르는 힘든 여정에 다시 오를 기력을 회복하는 데는 며칠 걸리지 않을 줄 알았다. 잠깐만 머물 작정이었으나, 몇 가지 극적인 사건들 때문에 체류 기간이 늘어났다. 우선 모니카가 병으로 세상을 떠났고, 전쟁이 터지는 바람에 다시 로마로 돌아가 거의 일 년 가까이 지내야 했다.

모니카의 죽음

모니카의 소녀 시절과 그의 덕행, 그리고 오스티아에서 보낸 마지막 나날에 관한 이야기가 『고백록』 제9권 후반부 전체를 차지한다. 본디 『고백록』의 마지막 부분이었을 제9권을 마무리하면서, 아우구스티누스는 자기 어머니에게 사랑 가득한 이별 노래를 바친다. 아우구스티누스가 이 책을 쓸 때는 모니카가 세상을 떠난 지 십 년도 더 지난 무렵이었다. 그러나 그는 변함없는 영적 교감과 감성적 공명으로 지난 시간의 발자취를 되살려 낸다. 아픔은 아물었고 글은 절제되어 있지만,

---

[1] 『고백록』 9,10,23. 아우구스티누스는 이 여정을 "긴 여행의 고생 끝에"(post longi itineris laborem)라는 한마디로 요약하고, 다른 중요한 정보들을 생략했다. 얼마나 힘든 여정이었는지 미루어 생각게 하는 대목이다.

마음의 떨림을 힘찬 필치로 옮겨 내고, 이승을 떠나 성인들의 영원한 영광으로 건너가는 모니카의 여정을 생생하게 그려 낸다.

이 일화의 핵심은 흔히 오스티아의 '황홀경' 또는 '관상'으로 널리 알려져 있는, 그리스도교 문헌을 통틀어 가장 유명한 대목이다.[2] 아우구스티누스는 어머니가 돌아가시기 며칠 전, 집 정원이 내려다보이는 창문에 기대어 어머니와 나누었던 대화를 들려준다. 지나간 삶을 잊고 다가올 삶을 더듬으며, 신적인 것들에 관한 지극히 달콤한 대화를 단둘이서 나누었다.[3] 그들은 생명의 샘이신 하느님 곁에서 사는 비할 데 없이 행복한 생각에 사로잡혀,[4] 차츰 지상을 떠나 더 불타는 마음으로 하늘의 실재를 향해 올라갔다. 마침내 거기서 거룩한 지혜의 "다함없는 풍요로움"[5]을 맛보았으나, 자기 자신에게 다시 돌아오고 말았다. 곧, 스러지고 마는 시간과 인간의 언어 속으로 다시 들어온 것이다.[6] 그러나 영혼으로는 저 높은 곳에 머물며 복된 영원을 미리 맛보았다. 이처럼 달콤하고 뿌듯한 황홀경, 그 절정의 순간에 어머니와 아들이 함께 관상의 친교를 나누고 다시 육신으로 되돌아온 사건은, 한바탕의 봄꿈에서

---

[2] 『고백록』 9,10,23-26 참조.
[4] 『고백록』 9,10,23 참조.
[6] 『고백록』 9,10,24 참조.
[3] 『고백록』 9,10,23 참조.
[5] 『고백록』 9,10,24.

깨어나는 쓰리고 허망한 체험과는 달랐다. 관상과 신비체험으로 미리 맛본 아름답고 조화로운 본향에서 살게 될 그날을 고대하면서 지금 여기서 기쁘게 살아가도록 일깨워 주었다.

모니카는 그날을 오래 기다릴 필요가 없었다. 이 대화를 나눈 지 얼마 지나지 않아 심한 열병에 걸렸고, 피로와 고생에 지친 육신은 더 이상 버텨 내지 못했다. 병에 걸린 지 아흐레째 되던 날, 쉰여섯의 나이로 그 영혼은 "육신에서 해방되었다".[7] 하느님의 뜻에 자신을 온전히 내맡긴 채, 387년 여름의 끝자락에 숨을 거두었다. 아니, 죽음을 기꺼이 얼싸안았다. 이 여인의 희망과 이승의 소명은 아들이 신앙에 돌아옴으로써 다 채워졌다.[8] 기다리고 있던 죽음을 무서워하지 않았고, 주님을 만나려는 열망으로 낯선 객지에서 죽는 것마저 두려워하지 않았다.[9] 남편 곁에 미리 마련해 둔 무덤에 마음을 써 왔던 이는 다름 아닌 모니카였다.[10] 그러나 주님의 제대에서 늘 기억해 달라는 것 말고는 자신을 위해 아무것도 요구하지 않았다.[11]

어떻게 그리스도인답게 살아야 하는지 가르쳐 준 모니카는, 어떻게 그리스도인답게 죽어야 하는지도 모든 이에게 마

---

[7] 『고백록』 9,11,28.
[9] 『고백록』 9,11,27 참조.
[11] 『고백록』 9,11,27 참조.
[8] 『고백록』 9,10,26 참조.
[10] 『고백록』 9,11,28 참조.

지막 본보기로 남겨 주었다. 어마어마한 슬픔이 아우구스티누스에게 밀어닥쳤다.[12] 그토록 친밀하게 하나로 연결되어 있던 삶에서 이별은 찢어지는 아픔이었다.[13] 그들은 영광스러운 무덤까지 모니카와 동행했다.[14] 그러나 모니카의 부재로 휑하니 빈 마음은 오래지 않아 그 빛나는 모범에 관한 기억으로 채워지고, 믿음과 사랑으로 그 모범을 본받으려는 노력으로 가득 찬다.

로마 체류

모니카의 장례가 끝난 뒤, 아우구스티누스와 그 동료들은 로마로 돌아갔다. 아프리카 뱃길이 끊겨 배를 탈 수가 없었기 때문이다. 당시 아프리카 총사령관이었던 길도가 찬탈자 막시무스 편에 서는 바람에, 반란의 땅 아프리카와 모든 연결이 끊어졌다. 388년 8월 23일 테오도시우스의 군대와 한바탕 전쟁을 벌인 다음 막시무스가 아퀼레이아에서 단죄받아 죽을 때까지 이러한 단절이 지속되었다.

---

[12] 『고백록』 9,12,29 참조.   [13] 『고백록』 9,12,30 참조.
[14] 모니카는 오스티아에 묻혔다. 1430년 4월 9일 오스티아에서 로마로 옮겨진 유해는 성 아우구스티누스 성당에 안치되어 오늘날까지 공경받고 있다.

하릴없이 로마에서 지내는 동안 아우구스티누스가 어떤 일을 하고 어떤 사람들을 만났는지 정확하게 말하기는 어렵다. 수도자들이 지닌 지혜와 사랑의 정신에 감명 받아 몇몇 남녀 수도원을 방문하기도 했다.[15] 어머니의 무덤에서 기도하기 위해 오스티아에 종종 들렀을 아우구스티누스는, 아마도 절제된 삶을 살면서 공부와 묵상, 아들 아데오다투스와 친구들과의 대화로 일상을 엮어 갔으리라 추측할 수 있다. 비록 완결된 형태는 아니었지만, 마니교를 반박하는 첫 작품인 『가톨릭교회의 관습과 마니교도의 관습』De moribus ecclesiae catholicae et de moribus Manichaeorum을 이 시기에 저술했고,[16] 대화록인 『영혼의 위대함』De animae quantitate과 395년에 완성될 대화 형식의 책 『자유의지론』De libero arbitrio을 집필했다.

『가톨릭교회의 관습과 마니교도의 관습』에서는 마니교를 본격적으로 반박할 필요성을 강조한다. 아우구스티누스는 일관성 없는 마니교 교리와 마니교 옛 동료들의 위선적 행동을 종종 날카롭게 비판하며, 마니교를 간접적으로 반박할 수 있는 다른 근거들을 『영혼의 위대함』과 『자유의지론』에서 종합

---

[15] 『가톨릭교회의 관습과 마니교도의 관습』 1,33,70 참조.

[16] 포시디우스는 스물여덟 권을 특별히 분류하여 『마니교 반박』(Contra Manichaeos)이라는 저술 목록을 제시하지만, 아우구스티누스 저술 가운데는 마니교를 다루는 굵직한 개별 작품들이 많다. DECRET, op.cit.

해 낸다. 특히 『자유의지론』에서는 악의 기원과 인간의 자유 문제, 하느님의 존재와 본성, 세상 사물의 질서를 마련하시는 선하고 의로우신 하느님의 존재 방식을 본격적으로 다룬다.[17]

로마 체류 기간은 관찰하고 성찰할 수 있는 시간이었고 중요한 작업 기간이었다. 그해 아우구스티누스는 마니교를 겨냥한 교의 작업 계획을 세우고 정리했을 뿐 아니라, 로마의 그리스도인들이 삶으로 보여 준 새로운 표징을 자신의 삶 안에서 실현해 보려는 계획도 세웠다. 고통스러운 기다림의 시간이 미래의 삶을 준비하는 풍요로운 시간으로 바뀐 것이다.

타가스테의 첫 공동체

388년 가을, 아우구스티누스는 이탈리아를 영원히 떠나 카르타고를 향해 닻을 올렸다. 카르타고에서 며칠 머문 다음 다시 타가스테로 출발했다. 그리고 마침내 자신의 고향에서 "기도와 단식과 선행으로써 밤낮없이 주님의 법을 되새기면서"[18] 하느님을 섬기는 일에 전념하는 작은 공동체를 꾸리려던 계

---

[17] 이 작품에 관해서는 FRANCO DE CAPITANI, Il «De libero arbitrio» di S. Agostino. Studio introduttivo, testo, traduzione e commento, Milano 1987 참조.

[18] 포시디우스 『아우구스티누스의 생애』 3,2.

획을 실천할 수 있었다. 공동체 설립 원칙은 장차 꾸려 갈 수도승생활 규칙의 핵심을 담고 있었다. 곧, 사유재산의 포기, 수행 훈련, 수덕 실천, 사도직 수행이었다. 진정한 의미의 고유 규칙은 아직 확정되지 않았고 엄격한 규정도 없었다. 사실 타가스테에서는 아직 수도승생활이 탄생하지 않았다. 수도승생활 정신과 삶의 방식만 생겨났을 따름이다. 이 작은 공동체는 지적 열성을 뛰어넘어 자신들의 한계와 약점을 나누면서, 다른 이들과 더불어 자신의 삶을 공유한다는 것이 도대체 무슨 의미인지 구체적으로 보여 주었다. 이 작은 공동체는 자기 재산과 재능을 공동의 몫으로 내어 놓고, 서로 존경하고 사랑하는 가운데 더불어 성장하며, 주님의 자유와 은총으로 빚어지도록 자신을 내맡기는 것이 무엇인지를 깨닫게 해 주었다.

　기도와 묵상, 성경 공부와 철학적·종교적 토론, 친구들에게 보낸 편지들(대부분이 절친한 벗 네브리디우스에게 보낸 것으로, 네브리디우스는 아프리카로 돌아온 뒤 카르타고 근처에 있는 자신의 시골집에 머물렀다)로, 공동체의 나날은 알뜰하게 엮였다. 아우구스티누스는 저술 활동에도 몰두했으니, 이미 써 내려가던 작업을 마무리하거나, 특별히 마음에 두고 있던 또 다른 집필을 시작하기 위해서였다. 이렇게 388년이 저물어 가던 무렵『마니교 반박 창세기 해설』*De Genesi adversus Manichaeos*이 탄생한다. 이 작품은 성경과 가톨릭교회의 근본 교의를 옹호하면서, 아프리카에 퍼져 있던 마니교 교리를 성경의 창조 설화 주해를 통하여 반박할 목적으로 저술되었다. 389년에는 본디 고전학 대사전 가운데 한 부분으로 구상했던 『음악론』*De musica*이 탄생한다. 이 작품은 미학, 운율, 박자 이론을 다루고 있는데, 음악 공부란 놀라운 화성법을 통하여 표현되는 하느님의 진리와 지혜를 인식하기 위한 것이며, 모든 피조물은 이 화성법 위에 버티고 서 있다는 것이다. 같은 해인 389년에 『교사』*De magistro*도 저술되었다. 아들 아데오나투스와 나눈 대화로서, 언어의 상징과 의미에 대한 분석, 가르침과 교육과정에서 말의 구실에 관한 분석을 담고 있다. 390~391년에 아우구스티누스는 『참된 종교』*De vera religione*를 썼는데, 철학과 그리스도교 호교론의 짧은 요약으로서, 장차 폭넓게 발전하게 될 가르침과 통찰을 풍부하게 담고 있다.

타가스테의 관상생활과 실천적 성찰은 3년 가까이 지속되었다.[19] 아우구스티누스의 명성이 퍼져 나가자 타가스테 사람들은 자신들이 품고 있는 의문을 풀어 줄 것을 끈질기게 요청했는데, 그 문답 내용이 『여든세 가지 다양한 질문』*De diversis quaestionibus octoginta tribus*(396년 완성)에 담겨 있다. 이는 아우구스티누스와 그 공동체가 영적으로나 문화적으로 강한 매력을

---

[19] 포시디우스 『아우구스티누스의 생애』 3,2 참조.

지니고 있었음을 보여 주기도 하지만, 다른 한편으로는 아직 자신들만의 공간을 오롯이 확보하지 못했음을 엿보게도 한다. 하느님 말씀을 묵상하고 실천하기 위해 고요하게 집중하던 처음 분위기는 느슨해지기 시작했다. 고요함과 삶의 내적 리듬을 잃고 싶지 않았던 아우구스티누스는, 다른 곳에 본격적인 공동체를 세우기 위해 고향을 떠나기로 결심했다.

히포 수도원

새 수도원 후보지로는 히포(오늘날 알제리 동북부 안나바)가 선정되었다. 더 정확하게 말하자면, 급박한 사정으로 히포를 선택할 수밖에 없었다. 아프리카의 가장 오래된 명예 속령인 히포 레기우스Hippo Regius는 항구와 기름진 평야로 이루어진 유명하고 부유한 도시였다. 수도승생활로써 하느님께 헌신할 뜻을 밝히고자 아우구스티누스를 만나고 싶어 하던 한 친구가 있었는데, 그를 찾아간 것이 아우구스티누스의 생애에서 갑작스러운 전환점이 되었다.[20] 이 방문 기간에 아우구스티누스는 히포 주교좌성당의 주일미사에 참례하게 되었는데, 연로한

---

[20] 『설교』 355,1,2; 포시디우스 『아우구스티누스의 생애』 3,3 참조.

발레리우스 주교는 특별한 어려움을 겪고 있던 자신과 히포의 가톨릭 공동체를 도와줄 사제가 절실하다는 사실을 미사 중에 일깨우고 있었다.[21] 신자들 가운데 있던 아우구스티누스를 알아본 사람들은 평소 그의 덕행과 가르침을 존경해 온 터라, 바로 그 자리에서 아우구스티누스를 그 소임의 적임자로 지목해 버렸다. 몇 해 전 백성들이 열광하며 '밀라노의 주교!'라고 외쳐 대는 바람에 암브로시우스가 겪어야 했던 운명과 비슷하게,[22] 아우구스티누스도 똑같은 강요에 떠밀려 당장 사제로 세워 주기를 바라는 모든 이에게 굴복해야 했다. 아우구스티누스는 눈 깜짝할 사이에 사람들에게 에워싸인 채 사제품을 받기 위해 주교 앞에 끌려갔다. "모든 이가 한마음으로 원하며 그분의 서품이 이루어지기를 간청하면서 열광하고 소리 지르며 졸라 대고 있는데, 그분은 펑펑 울고 계셨다."[23]

이렇게 또 하나의 역설이 그날 히포의 '평화의 대성당'Basilica pacis에서 이루어졌다. 이는 아우구스티누스의 생애에서 자신이 원했던 바와는 늘 반대로 가 버린 수많은 사건들 가운데 하나였다. 아우구스티누스는 사제로 서품되었다(391년). 포시디우스가 전해 주는 그 눈물의 진정성은 당시 아우구스티누

---

[21] 포시디우스 『아우구스티누스의 생애』 4,1 참조.
[22] 파울리누스 『암브로시우스의 생애』(*Vita Ambrosii*) 6,1 참조.
[23] 포시디우스 『아우구스티누스의 생애』 4,2.

스가 느꼈을 위로받을 데 없는 완전한 허탈감을 잘 표현해 준다. 내적·외적 고독과 고요한 명상, 침묵의 관상을 열망해 온 그는 이제 자신의 계획으로 되돌아가지 못할 직무를 맡게 되었고 고달픈 일들을 마주해야 했다. 무엇을 해야 하는지도 알지 못했던 그는 준비되지 않은 자신이 두렵기만 했다. 그럼에도 아우구스티누스는 헤아릴 수 없는 섭리에 순종했다. 언제나 당신 자녀들의 선을 위해 모든 것을 안배하시는 하느님의 섭리를 이미 체험한 아우구스티누스였기에 가장 쓰라린 순간에도 사제 생활의 소임을 받아들였다.

사제직에 열성을 다하면서도 아우구스티누스는 수도승생활의 꿈을 완전히 접지는 않았고, 주교에게 자신의 이러한 바람을 드러냈다. 발레리우스는 아우구스티누스의 요청을 지혜롭게 받아들여, 교회 옆 정원에 평신도를 위한 수도원을 세우도록 허락했다.[24] 거기서 옛 동료들[25]과 새 동지들은 진정한 형제적 삶을 살기 위해 사유재산 없이 살아갔다.

391년에서 395년까지 아우구스티누스는 사제 수도승으로서 히포의 '정원' 수도원에서 살았다. 그리하여 세상 한가운데서 사제로 살아가야 하는 뜻밖의 소명을 수행과 관상의 삶을

---

[24] 『설교』 355,1,2; 포시디우스 『아우구스티누스의 생애』 5,1 참조.
[25] 옛 동료가 누구인지 정확하게는 알 수 없으나, 389년경에 죽은 아들 아데오다투스가 참여하지 않은 것은 분명하다. 새로운 동지들 가운데는 포시디우스도 있다.

추구하던 자신의 이념과 조화시킬 수 있었다. 관상은 실천의 전제가 되었고, 실천은 관상생활에 사랑의 새로운 긴장을 주었다. 맡겨진 임무, 특히 발레리우스 주교가 맡긴 설교의 임무[26]에 더 훌륭하게 봉사하기 위해 기도하고 공부하는 나날이 이어졌다. 하루 가운데 많은 시간을 성경과 신학, 교회 저술가들을 깊이 연구하는 데 쏟았는데, 이는 『믿음의 유익』*De utilitate credendi*(391년)과 『신앙과 신경信經』*De fide et symbolo*(393년)같이 가톨릭 교의를 종합하고 옹호하는 저술에도 도움이 되었다. 『신앙과 신경』은 교회회의(393년 10월 8일)에 참석하기 위해 처음으로 히포에 모인 아프리카 주교들 앞에서 아우구스티누스 사제가 행한 연설이다. 아우구스티누스의 명성은 이미 주교들 가운데서도 널리 퍼져 공감대를 형성하고 있었다.

이 시기에 아우구스티누스는 성경과 신학 공부에 전념하면서도, 동료 형제들의 종교적·문화적 소양을 키우고 양성하는 일에도 마음을 기울였다. 이 양성 과정은 아우구스티누스의 권위 있는 지도 아래 직접 이루어졌고, 잘 준비된 유능한 형제들 가운데 사제직에 합당한 인물을 식별하는 데 그르치는 법이 없었다. 수도원 담장 안에 갇히지 않고 오히려 더 폭넓게 봉사하기 위하여 밖으로 투신하는 이 수도승생활 체험

---

[26] 포시디우스 『아우구스티누스의 생애』 5,3 참조.

은 머지않아 그 가치를 드러내게 된다. 곧, 관상(기도, 수행, 공부)과 사도적 활동(말씀과 성사와 사랑의 직무)이 하나로 통합되어 열매를 맺는다. 수도승생활 이념은 아프리카의 많은 지방에 빠르게 퍼져 나갔고, 아우구스티누스가 히포에 세운 공동체에서 본보기를 얻고 자극을 받았다. 여기저기서 터져 나오는 어려움과 몰이해와 저항이 없지 않았고, 심지어 수도원에 들어온 형제들조차 소명을 망각하는 경우도 있었으나, 수도승 제도는 아프리카 교회 생활에 실천적 밑거름을 기름지게 제공했고, 새로운 힘과 새로운 누룩이 되었다.

사목 활동

몇 해 지나지 않아 아우구스티누스의 사목 활동은 단연 돋보이기 시작했다. 쉽게 설명하면서도 언제나 정곡을 찌르는 설교를 했고, 깊이 있는 교리를 가르쳤으며, 신자들이 성경을 깨닫고 이해할 수 있도록 이끌어 주었다. 특히 4세기 말에 독버섯처럼 번지던 이단 무리의 탈선과 오류에서 지켜 주었다.[27]

---

[27] VITTORINO GROSSI / ANGELO DI BERARDINO, *La Chiesa antica: ecclesiologia e istituzioni*, Roma 1984, 269-286 참조. 이 책에서 「고대 그리스도교의 이단 무리」라는 항목을 훑어보면 그 당시 이단에 관한 기본 개념을 잡을 수 있다. 이 연구서는 초기 5세기 그리스도교의 사상, 생활, 교회 제도에 관한 입문서다.

문화적 소양과 수사학 재능이 빼어났던 아우구스티누스는 신앙을 지키고 수호하는 일에 권위 있게 나섰다. 다양한 기회에 '참된 종교'의 원리를 설명하고 단순한 신자들을 위험한 유혹에서 지켜 냈다. 무엇보다도 히포와 주변 지역을 감염시키고 있던 "마니교의 역병"[28]을 막아 내고 물리쳤다. 유명하고 존경받던 마니교의 대표적 인물인 포르투나투스는 공개 토론에서 회복할 수 없는 수모를 당했다.[29] 아우구스티누스는 도나투스 열교[30]에 맞선 논쟁에도 열성을 쏟았다. 도나투스 열교는

---

[28] 포시디우스 『아우구스티누스의 생애』 6,1.

[29] 아우구스티누스와 포르투나투스는 392년 8월 28일과 29일에 수많은 군중이 모인 가운데 소시우스 온천에서 신학 논쟁을 벌였다. 이틀에 걸친 논쟁 끝에 포르투나투스는 궁지에 몰려 패배하고 말았다. 포시디우스가 전하는 바에 따르면, 포르투나투스를 대학자로 존경하던 모든 이는 이 토론이 끝난 다음 그가 자기 집단의 교리를 전혀 옹호하지 못했다고 확신하게 되었다. 결국 포르투나투스는 히포 시를 떠나 다시는 돌아오지 않았다(포시디우스 『아우구스티누스의 생애』 6,7 참조).

[30] 이 열교는 마요리누스(†313년)를 이어 카르타고의 대립 주교로 선출된 도나투스의 이름에서 유래한다. 자신들만 유일하게 참된 교회이며 '거룩한 사람들의 교회'라고 주장하는 도나투스 열교가 생겨난 원인 가운데 하나는 완고한 엄격주의다. 디오클레티아누스 황제의 박해 때 수많은 다른 그리스도인들이 그랬던 것처럼 드러나게 배교하지는 않았지만, 가톨릭교회와 집을 몰수하던 당국에 거룩한 책들을 넘겨줌으로써 신앙을 부인한 주교들에게 도나투스파는 매우 완고한 태도를 보였다. 이러한 혐의가 있는 주교들은 교회 안에 머무르기에 부당할 뿐 아니라, 그들이 집전한 성사는 무효하다고 도나투스파는 주장했다. 도나투스가 귀양살이 도중에 죽은 뒤에도(355년), 이 열교는 제국의 금령에도 아랑곳하지 않고 살아남아 널리 퍼져 나갔다. 게다가 노예, 농민, 파산한 소지주들로 이루어진 '키르쿰켈리오네스'(Circumcelliones)의 지원까지 받게 되었다. 키르쿰켈리오네스는 사회적 결사 단체의 특성을 지니고 있었지만, 종교 질서를 모방하면서 가톨릭교회와 다른 민족들에 맞서 온갖 만행과 잔인한 고문, 피비린내 나는 폭력을 저지른 주인공들이다. 도나투스파 주교들은 이들을 모르는 체했지만, 사실은 로마제국의 권위에 저항하고 가

4세기 초부터 북아프리카 전체를 뒤흔들었는데, 아우구스티누스는 생애의 마지막 나날까지 지속될 이 논쟁의 얼개를 짜기 시작했다. 도나투스와 벌인 긴 싸움은 탁월한 용기를 지닌 선구자 밀레비스의 주교 옵타투스[31]가 이미 시작했고, 이제는 아우구스티누스가 이어받아 『도나투스파 반박 시편』*Psalmus contra partem Donati*(393~394년)으로 논쟁에 뛰어들었다. 짧게 구성되어 있는 이 작품은 도나투스파 주교 파르메니아누스[32]의 저술들을 본떠, 신자들이 쉽게 되풀이하여 노래할 수 있도록 박자와 운율에 맞추어 지은 절과 후렴으로 이루어져 있다. 원래 도나투스파끼리 사용하던 것을 가톨릭교회에 고스란히 들여와 심화 발전시킨 경우다.

아우구스티누스가 말이나 글로써 남긴 가르침의 영향은 의

톨릭교회를 혼란에 빠뜨리기 위해서 이 무리의 도움을 받았다. 도나투스 열교의 역사와 신학에 관한 폭넓은 정보는 WILLIAM HUGO CLIFFORD FREND, *The Donatist church. A movement of protest in Roman North Africa*, Oxford 1985)와 JEAN-LOUIS MAIER, *Le dossier du donatisme*, Berlin 1987~1989, 2 voll. 참조. 도나투스파 반박 문헌 선집은 LORENZO DATTRINO, *Agostino. Una fede, una Chiesa*, Padova 1985 참조. 도나투스 논쟁과 관련된 아우구스티누스의 교회 개념을 보려면 JOSEPH RATZINGER, *Volk und Haus Gottes in Augustinus Lehre von der Kirche*, München 1954의 제5장과 제6장을, 도나투스라는 인물에 관해서는 MANDOUZE, *Prosopographie de l'Afrique chrétienne (303-533)*, 292-303을 참조하라.

[31] MANDOUZE, *Prosopographie de l'Afrique chrétienne (303-533)*, 795-797 참조. 도나투스 문제와 관련한 옵타투스의 교회 개념은 J. RATZINGER, *Popolo e casa di Dio in Sant'Agostino*, Mi-lano 1978 (*Volk und Haus Gottes in Augustinus Lehre von der Kirche*, München 1954) 109-122 참조.

[32] MANDOUZE, *Prosopographie de l'Afrique chrétienne (303-533)*, 816-821 참조.

심할 나위 없이 강력했다. 분열되고 고립되어 당하고만 살았던 세월의 상처도 안고 있었지만, 북아프리카 가톨릭교회는 아우구스티누스를 일치와 활력의 중심축으로 삼아 마침내 고개를 들 수 있게 되었다.[33] 아우구스티누스는 그리스도교 메시지의 원천에 뿌리를 내리고서 복음적 삶을 한결같이 실천하는 영향력 있는 개혁가였다. 그리스도의 은총에 맞갖은 충실한 실천을 거듭 선포했다. 아우구스티누스가 가르치는 진리는 추상적이거나 기계적인 계율 따위와는 거리가 멀었고, 생명을 키우는 양식처럼 내적으로 활동하는 역동적 진리였다. 진리가 딱딱한 말마디에 머물거나, 그 본래의 모습을 잃고 외적 예식으로 변질되지 않도록 늘 주의를 기울였다. 예컨대, 순교자 축일에 무덤에서 먹고 마시던 축제와 잔치[34]처럼, 어떤 신앙 행위들은 깊은 종교성 없이 신앙을 배반하고 있었는데, 아우구스티누스는 망설임 없이 그런 행위를 단죄하고, 아예 뿌리를 뽑아 버리기까지 했다.

단순한 사람의 가슴뿐 아니라 배운 사람의 머리에도 말할 줄 알았던 아우구스티누스는 사람들의 마음을 파고드는 힘을 지니고 있었다. 배운 사람들을 사로잡는 날카로운 사고와 언

---

[33] 포시디우스 『아우구스티누스의 생애』 7,2 참조.

[34] 고삐 풀린 군중들의 광기가 터져 나오곤 했던 축제 가운데 하나가 성 레온티우스 축일(395년 5월)이다. 이 축일이 돌아올 때면 아우구스티누스는 히포 신자들을 단속하는 일도 소홀히 하지 않았다(『서간집』 29 참조).

어의 묘미도 알고 있었지만, 단순한 사람들이 이해할 수 있도록 명쾌한 단어, 쉬운 예, 민중 언어, 즉흥적 비유를 사용할 줄도 알았다.

히포의 주교

아우구스티누스의 활동에 맺힌 열매를 가장 먼저 맛본 사람은 발레리우스 주교였다. 그는 이처럼 믿음직스럽고 영향력 있는 협력자를 뽑았다는 사실에 기뻐하면서도, 혹시라도 아우구스티누스를 빼앗기지는 않을까 염려하고 있었다. 주교가 공석인 다른 지역교회들이 아우구스티누스를 자기네 주교로 뽑아 갈지도 모른다는 깊은 의혹을 품었기 때문이다.[35] 아니, 아우구스티누스를 갑자기 채 갈까 두려워한 나머지 은밀한 장소로 옮기도록 발레리우스가 배려하지 않았더라면, 실제로 그런 일이 벌어졌을지도 모른다.[36] 발레리우스는 연로한 나이에도 정신력이 약해지지 않았고, 아우구스티누스를 훔쳐 가려던 다른 교회들의 '거룩한 책략'에 넘어가지도 않았다. 발레리우스는 미리 손을 써서, 아우구스티누스를 자신의 보좌주

---

[35] 포시디우스 『아우구스티누스의 생애』 8,1 참조.
[36] 포시디우스 『아우구스티누스의 생애』 8,1 참조.

교로 임명할 수 있도록 카르타고의 주교이며 아프리카의 수장인 아우렐리우스에게 청하였다. 발레리우스의 요청이 워낙 집요했던지라, 한 주교가 살아 있는 동안에는 보좌주교의 임명을 금하는 니케아 공의회(325년)의 결정[37]에도 불구하고 아우렐리우스는 이를 승인하였다. 마침내 칼라마의 주교이며 누미디아의 수장인 메갈리우스는 지역 교회회의를 위하여 히포에 온 다른 주교들과 함께 아우구스티누스를 주교로 서품하였다(395년). 새로운 직무의 막중한 책임을 잘 알고 있었고 교회 규정에 어긋날 수도 있는 일이었기 때문에 아우구스티누스는 거절했으나 별 소용이 없었다. 사제들과 백성들의 강한 압력에 또다시 굴복할 수밖에 없었기 때문이다.[38] 397년 발레리우스가 세상을 떠나자, 아우구스티누스는 히포의 주교좌를 이어받아 33년 동안 교구장직을 수행했다.

주교가 된 아우구스티누스는 평범한 사제로서 시작했던 일을 이어 나갔다. 끝없이 늘어나는 책임과 소임 말고는 그의

---

[37] 포시디우스 『아우구스티누스의 생애』 8,3; 니케아 공의회 법규 제8항 참조. 니케아 공의회(325년)는 열교의 주교가 가톨릭교회에 들어오려고 할 때 "한 도시에 두 주교가 있어서는 안 된다"($\tilde{\iota}\nu\alpha$ $\mu\grave{\eta}$ $\tau\tilde{\eta}$ $\pi\acute{o}\lambda\epsilon\iota$ $\delta\acute{u}o$ $\dot{\epsilon}\pi\acute{\iota}\sigma\kappa o\pi o\iota$ $\tilde{\omega}\sigma\iota\nu$)는 결정을 내렸지만, 계승권을 지닌 부주교(coadiutor)나 계승권 없는 보좌주교(auxiliaris)의 임명을 명시적으로 금하지는 않았다. R. KANY, Der vermeintliche Makel von Augustins Bischofsweihe. Zur Rezeption griechischer Konzilskanones in Rom und Nordafrika, in *Zeitschrift für Antikes Christentum* 1 (1997) 116-125 참조 — 역자 주.

[38] 포시디우스 『아우구스티누스의 생애』 8,4 참조.

인생에서 겉으로 드러나는 변화는 없었다. 재판하는 일, 유력한 인물이나 단순한 신자들과 편지를 주고받는 일은 특히 힘들고 고달팠다. 아우구스티누스는 하느님 백성을 이끄는 고생과 섬기는 기쁨을 주교 직무 초기에 이미 알고 있었다. 온 힘을 다하여 설교하고, 가르치고, 성사를 집전하고, 토론을 벌이고, 민중의 사정을 듣고 도와주면서도, 주교관 내 성직자(사제, 부제, 차부제) 수도원에서 빠듯한 시간을 쪼개어 자신을 위한 침묵과 성찰의 틈을 마련하던 모습을 어렵지 않게 상상할 수 있다. 아우구스티누스는 서둘러 자기 내면으로 돌아가고 싶어 하면서, 나날의 격무로 멍드는 관상생활 때문에 안타까워했다.[39] 그러나 이 문제는 그리 오래지 않아 해결되었다. 가장 중요한 것은 주님과 더불어 있는 것! 형제들 안에서 그분을 사랑하고 섬기는 데 온 힘을 쏟기로 작정했기 때문이다.

---

[39] 『서간집』 48,1; 『수도승의 노동』(*De opere monachorum*) 29,37 참조.

7
『아우구스티누스 규칙서』

아우구스티누스는 수도승으로서 또 공동체 창설자로서 몸소 겪은 체험을 통하여 수도승생활에 영감의 원천이 되는 원리들을 모아 짧은 요약집을 만들었다. 서방 그리스도교 세계[1]에서 가장 오래된 아우구스티누스의 규칙서[2]는 아마도 397년에 작성되었을 것으로 추정된다. 그러나 그보다 더 이르거나 늦

---

[1] 고대 수도 규칙서들에 관한 역사 비평은 *Regole monastiche d'Occidente*, a cura di Enzo Bianchi, trad. e note di Cecilia Falchini, Torino 2001 참조.

[2] 『아우구스티누스 규칙서』의 본문과 종합적 분석에 관해서는 특히 LUC VER-HEIJEN, *La Règle de saint Augustin*, Paris 1967, 2 voll. (*La regola di S. Agostino*, a cura di Maria Grazia Mara, trad. di Bernadette Caravaggi, Luisa Mara Rosano e Luigi Rosano, Palermo 1986~1993, 2 voll.); GEORGE LAWLESS, *Augustine of Hippo and his monastic Rule*, Oxford 1987 (특히 제3부 *Disputed questions* 119-161과 부록 163-171); ADOLAR ZUMKELLER, *Augustine's Rule. A Commentary*, Villanova 1987(아돌라르 줌켈러 『아우구스티누스 규칙서』 이형우 옮김, 분도출판사 2006²); SOEUR MARIE-ANCILLA, *La Règle de saint Augustin*, Paris 1996; ADALBERT DE VOGÜÉ의 기념비적 작품 *Histoire littéraire du mouvement monastique dans l'antiquité*, Paris 1991(2005년 총 9권 완간)의 제3권 3장(*Augustin et les débuts du monachisme africain*, 149-245); 풍부한 해제와 역주가 달린 이탈리

게 저술 시기를 추정하는 가설들도 있다.³ 『아우구스티누스 규칙서』Regula Augustini(『계명집』Praeceptum)의 전범이 된 것은, 수도승 전통에서 전해 오던 『수도원 규정집』Ordo monasterii이다. 성무일도 낭송과 노동, 독서, 공동생활 등에 대한 짧은 규정들을 담은 이 소중한 문헌은 『아우구스티누스 규칙서』를 보완해 주는 필수품과 같다. 그러나 『수도원 규정집』은 아우구스티누스와 가까운 저자⁴나 그런 환경에서 나온 것이지, 그가 직접 작성한 것은 아니다. 『아우구스티누스 규칙서』의 정신을 매우 충실하게 해석하고 반영하고 있다는 점에서 아우구스티누스 자신이 인준을 해 준 것이라고 볼 수는 있겠다.

이미 11세기부터 남녀를 가리지 않고 수많은 수도회들에 영감의 원천이 되고 법제 측면에서 기초가 되어 주며 널리 퍼져 나간 『아우구스티누스 규칙서』는 수도생활을 위한 원리와 권고들을 아주 짧게 집약해 놓았다. 마치, 일상적 실천을 통해 이미 검증된 수도승생활의 지도 이념들을 메모해 놓은 것

아어 역본은 La Regola, a cura di Agostino Trapè, Roma 1996³; La Regola, a cura di Giuliano Vigini, Verucchio 1997 참조.

³ 『규칙서』가 391년에 작성되었다는 가설은 VERHEIJEN, La Règle de saint Augustin, vol. II, 87-116; 397년에 저술되었다는 가설은 VAN BAVEL, op. cit., 16 참조. 어떤 학자들은 400~401년 또는 426~427년으로 추정하기도 한다.

⁴ 이 저자가 훗날 타가스테의 주교가 된 아우구스티누스의 벗 알리피우스일 수도 있다는 가정을 비롯한 모든 문제에 관해서는 VERHEIJEN, La Règle de saint Augustin, vol. II, 125-174 참조.

처럼 보일 정도다. 아우구스티누스는 성경, 특히 사도행전과 바오로 서간을 주된 원천으로 삼으면서, 예루살렘 공동체[5]의 모범을 따라 하느님 사랑과 이웃 사랑으로 수도승 공동체를 건설해 가기 위해 굵직한 획으로 영적 지평만 펼쳐 준다.[6] 그래서 『아우구스티누스 규칙서』에는, 엄밀한 의미에서 공동체의 조직을 위한 지침이라든지 공동생활의 구체적이고 특수한 순간들에 대한 규정이라곤 거의 없다. 여덟 장으로 이루어진 『아우구스티누스 규칙서』는 서방 수도승생활의 또 다른 중요한 문헌인 일흔세 장으로 된 『베네딕도 규칙서』*Regula Benedicti* 와 비교할 때 초라해 보일 수도 있다. 그러나 『아우구스티누스 규칙서』의 분량이 적다고 해서 그 내용이 덜 풍요롭다고 말할 수는 없다. 오히려 인간적인 문제와 영적인 요구들을 깊이 있고 균형 있게 바라보는 가운데, 수도생활을 통해 어떻게 복음적 완덕을 추구해 나가야 하는지 아우구스티누스가 짧은 글로도 훌륭하게 정리해 냈음을 증명해 준다.[7]▶

---

[5] 사도 4,31-35 참조.

[6] 나중에 『아우구스티누스 규칙서』[*Regula Augustini* = 『계명집』(*Praeceptum*)]에도 받아들여진 『수도원 규정집』(*Ordo monasterii*)의 첫 대목은 다음과 같이 시작된다. "친애하는 형제들이여, 무엇보다 먼저 하느님을 사랑하고 그다음에 이웃을 사랑할 것이니, 이것은 우리에게 주어진 첫째 계명들이기 때문이다." 이는 공동체 생활의 본질적 목표라 하겠다.

공동생활의 목적과 기초

『규칙서』제1장은 수도승생활을 지탱하는 근본원리인 형제애에 관한 이야기로 시작한다. 형제애는 수도 공동체를 이끌어 주고, 정신과 마음의 일치를 이루어 준다. 하느님을 찾아 나가는 여정은 바로 이 형제적 일치 안에서 끊임없는 사랑의 친교를 누리고 생기도 얻는다.[8] 여러 사람들을 한마음으로 만들어 주고 한지붕 아래 서로 조화롭게 살게 해 주는 힘은 사랑이다. 이 사랑은 사람들로 하여금 모든 형태의 이기주의에서 벗어나 하느님을 향하게 해 주고, 공동체 안에서 그분을 섬기도록 이끌어 준다. 하느님과 형제들을 향한 이 동시적 움직임이야말로 수도생활 본연의 특성이다. 공동체가 공동체일 수 있는 것은, 단지 각 구성원이 모두 같은 목적을 지향하기 때문만은 아니다. 그것은 무엇보다 그 목표에 다다르기 위해 선택한 길에서 겪는 노고와 기쁨, 하느님의 성전[9]이 되기 위하여 나날이 사랑을 실천하는 과정에서 겪는 그 노고와 기쁨을 공유하기 때문이다. 사랑의 대헌장이라 일컬을 수 있는『아우구

---

[47] 『아우구스티누스 규칙서』의 구성 원리에 관해서는 ATHANASE SAGE, *La Règle de saint Augustin*, Paris 1971; ATHANASE SAGE, *La vie religieuse selon saint Augustin*, Paris 1972; ADOLAR ZUMKELLER, *Augustine's ideal of the religious life* (1968²) New York 1986 참조.

[8] 『아우구스티누스 규칙서』 1,2 참조.

스티누스 규칙서』는 바로 이러한 근본원리를 여러모로 적용해 놓은 것에 지나지 않는다.

재물의 공유는 수도승 형제애의 첫째 표현이다.[10] 그 무엇도 개인이 소유할 수 없고, 모든 이가 모든 것을 나누어 가져야 한다. 공동체의 풍요로움은 형제들이 각자 가진 것을 서로 내어 놓고 선사하는 과정에서 태어난다. 재산 포기는 사랑의 교육에서 필수 요소들 가운데 하나다. 복음적 가난과 사랑의 정신으로 남을 위해 사는 법을 배우고 있다는 사실을 증언하기 때문이다. 그렇다고 해서 이렇게 공유한 재화를 공동체의 장상이 한 사람 한 사람에게 균일하게 할당해 주는 것은 아니다. 그것은, 사도들의 모범대로,[11] 각자의 필요에 맞게 나뉜다. 이는 공동체의 의미가 개인의 특성이나 각 구성원의 고유한 필요를 희생하여 만들어지는 것이 결코 아님을 뜻한다. 오히

---

[9] '하느님의 성전'(Templum Dei)이라는 바오로의 표현(1코린 3,16: "여러분이 하느님의 성전이고 하느님의 영께서 여러분 안에 계시다는 사실을 여러분은 모릅니까?"; 2코린 6,16 참조)은 아우구스티누스 사상에 고스란히 녹아들어 있다. 아우구스티누스는 '하느님의 성전'이란 단순한 개별 지체들의 총합이 아니라, 그 지체들을 통해 더불어 성장하는 전체 공동체임을 강조한다. "사도들은 하느님의 성전이 되었습니다. 그들이 저마다 하느님의 성전들이 된 것이 아니라, 모든 이와 더불어 하느님의 성전이 된 것입니다"(『시편 상해』 131,5).

[10] 『아우구스티누스 규칙서』 1,3-4 참조. 사유재산을 포기하고, 몰래 따로 챙겨둔 재산과 관련된 유언을 남기지 말아야 한다는 아우구스티누스의 한결같은 주장은 꺾이는 법이 없다(『설교』 355와 356 참조). 이는 포시디우스의 증언과도 일치한다. "그분은 아무런 유언을 남기지 않으셨는데, 하느님의 가난한 사람이 유언할 이유가 없기 때문이었다"(『아우구스티누스의 생애』 31,6) — 역자 주.

[11] 사도 4,35 참조.

려 이 고유성에 주의를 기울일 때 비로소 형제적 친교가 가장 조화롭고 풍요롭게 자라날 수 있다.

그러나 재산의 공유 때문에 자기의 특별한 상태에 대한 의식과 깊은 겸손의 자세가 약해져서는 안 된다. 입회 전 가진 재산도 없고 사회적 신분도 낮았던 이들(노예, 농부, 문지기 등)은, 수도원 안에서 이전에 가질 엄두도 내지 못했던 것을 탐해서도 안 되거니와, 이전에 누리지 못하던 의복과 음식을 받았다고 운수대통運數大通했노라 여기지도 말아야 한다.[12] 또한 이전에는 감히 가까이 할 수 없었던 사람들과 함께 지낸다고 해서 우쭐하지도 말아야 한다.[13] 이런 이들은 겸손하고 부지런히 살며 모든 교만과 허영의 사슬에서 해방되어 저 높은 곳을 향해 마음을 두는 법을 배우지 않고서는 수도생활에서 결실을 얻지 못할 것이다.[14] 한편, 세상에서 행세깨나 했던 사람들(귀족과 부자들)은 자기가 가난한 집안 출신 형제들보다 낫다고 여기지 말아야 하며, 자기 재산의 일부를 내놓았다 해서 이를 자랑으로 여기지도 말아야 한다.[15] 재산을 버리고 가난하게 된다 한들, 이로써 교만에 물들게 된다면 무슨 소용이 있겠는가? 이

---

[12] 『아우구스티누스 규칙서』 1,5 참조.
[13] 『아우구스티누스 규칙서』 1,6 참조.
[14] 『아우구스티누스 규칙서』 1,6 참조.
[15] 『아우구스티누스 규칙서』 1,7 참조.

런 교만은 결국 선행에도 스며들어 좀먹게 하고, 결국은 선행도 다 헛일이 되고 말 따름이다.[16]

요컨대 교만을 극복하고 겸손을 얻어야 한다는 것이다.[17] 겸손은 사랑과 화합을 낳는 가장 중요한 미덕이다. 사랑과 화합의 인간관계 없이는 공동체가 존속할 수 없다. "한마음 한뜻"[18]으로 살며 "너희 안에 계시는 하느님을 서로 공경하라"[19]는 규정은, 하느님께 바치는 첫째가고 가장 위대한 찬미가, 주님의 집이요 당신 사랑의 성전인[20] 사람의 마음에서 실현된다는 사실을 재천명한다. 하느님께서 각자의 마음에 거처하신다면, 공동체는 이런 당신 현존의 살아 있는 모상이 된다. 나아가 하느님께서 당신 이름으로 하나로 모아 주신 이들의 사랑을 통해 당신 현존을 드러내신다. 수도 공동체는 교회 안에서, 교회를 통하여 그리고 교회의 유익을 위하여 그리스도의 학교가 되는 셈이다.

---

[16] 『아우구스티누스 규칙서』 1,7 참조.

[17] 교만의 죄가 얼마나 해로운지 아우구스티누스는 이렇게 적고 있다. "하느님께서는 교만한 자들을 너무도 싫어하신 나머지, 선행 안에 있는 교만보다는 악행 가운데 있는 겸손을 더 좋아하십니다"(『시편 상해』 93,15).

[18] 사도 4,32; 『아우구스티누스 규칙서』 1,2.

[19] 『아우구스티누스 규칙서』 1,8.

[20] 『아우구스티누스 규칙서』 1,8; 『시편 상해』 131,3-4; 『설교』 336,1,1 참조.

기도

기도는 공동생활의 구성 요소 가운데 하나이며, 개인의 영적 여정에 꼭 필요한 양분을 제공한다. 사실 아우구스티누스가 『규칙서』 제2장에서 기도에 대해 언급하는 부분은 얼마 되지 않는다. 그럼에도 이는 몇몇 핵심 요소들과 관련되어 있다. 무엇보다도 바오로를 인용하여,[21] 정해진 시간에 기도에 전념하라는 훈계가 나온다.[22] 다 함께 기도하되 꾸준히 또 정해진 시간에 바치라는 권고는 하느님께 첫째 자리를 내드려야 한다는 대원칙에서 비롯한다. 모름지기 다른 일로 정신이 분산되지도 말아야 하고, 각자 마음 상태에 휘둘린 나머지 기도 시간에 늦게 도착하거나 기도가 정상적으로 진행되지 못하는 일이 없어야 한다는 것이다. 사실 공동기도는 수도 가족의 살아 뛰는 심장으로 여겨야 한다. 이를 통하여 공동체는 한목소리로 하느님께 스스로를 들어 바치면서 경배와 찬미와 감사로 신앙과 사랑의 일치를 표현하기 때문이다.

공동기도와 함께 개인기도의 필요성도 간접적으로 강조하고 있다. 수도원 안의 '기도소'는 기도하기 위한 목적으로 세워졌음을 분명히 하는 대목에서 그러하다.[23] 충분한 장소가 없

---

[21] 콜로 4,2 참조.
[22] 『아우구스티누스 규칙서』 2,1 참조.

어 더러 기도소를 다른 용도로 쓰는 일도 생기곤 하는데, 아우구스티누스는 기도소를 이런 식으로 부적절하게 이용해서는 안 된다고 규정한다. 정해진 공동기도 시간 외에도 잠심하여 개인기도에 전념하고픈 형제들에게 폐를 끼치지 말아야 한다는 것이다.[24]

그러나 공동기도든 개인기도든 목소리로 말하는 바를 마음으로 되새기지 않는다면 모두 헛일일 터,[25] 이 점이 바로 내적 생활의 원리이며 기도의 토대다. 기도란 입술로 하는 것이 아니다. 사랑의 힘에 내몰리는 마음의 순결한 열망이야말로 목소리로 실려 나오는 기도의 말에 의미와 가치를 부여한다. 하느님을 갈망하며 마음 깊은 데서 샘솟는 기도가 아니라면, '시편과 찬미가'를 드높이 읊는 목소리는 그저 공허한 음향일 따름이다. 입에서 나오는 소리와 내면에서 느끼는 바가 서로 공명하지 않기 때문이다. 이와 반대로 참된 기도는 외면과 내면, 말과 삶의 조화를 이루어 낸다. 이것이 하느님께 드리는 진정한 찬미요, 그분 안에서 살아가려는 참된 열망이다.

기도에 관한 규칙의 마지막 대목에서는, 노래로 하라고 기록되어 있거나 분명히 노래용으로 만들어진 것이 아니면 노

---

[23] 『아우구스티누스 규칙서』 2,2 참조.
[24] 『아우구스티누스 규칙서』 2,2 참조.
[25] 『아우구스티누스 규칙서』 2,3 참조.

래로 기도하지 말라고 한다.[26] 아우구스티누스가 이렇게 규정하게 된 당시의 분위기를 굳이 따지지 않더라도, 거룩한 노래의 본디 기능을 어떤 식으로든 훼손하거나 과장하여 내적 잠심을 흩트리고, 전례에서 순전히 미적이고 감성적인 즐거움만 추구하는 폐단을 막고자 했다는 것은 분명하다. 아우구스티누스가 전례 거행에서나 심지어 육체노동을 하는 중에라도 노래를 권장한 게 사실이지만, 어디까지나 원칙이 필요하였다. 내용이 건전하고 적절할 것, 형식과 방식에서 절제와 차분함을 유지할 것, 외적 요소와 영적 의미는 균형과 조화를 이룰 것 등이다. 중요한 것은, 낭송으로 하든 노래로 하든 기도가 지향하는 목적을 결코 잊어버리지 말아야 한다는 점이다. 그것은 바로 주님과의 일치다.

검소함과 극기

『아우구스티누스 규칙서』 제3장 첫머리에서 검소함과 극기를 권장하는 대목은 개개인의 고유한 필요와 관련하여 깊은 지혜와 중용, 그리고 범상치 않은 주의력을 보여 준다.[27] 단식과

---

[26] 『아우구스티누스 규칙서』 2,4 참조.
[27] 『아우구스티누스 규칙서』 3,1 참조.

절제라는 건전한 원칙은 존중하고 장려하나, 당대의 다른 수도원들처럼 아주 길고 엄격한 단식을 획일적으로 강요하지 않고, 각자의 건강 상태를 감안하여 융통성 있게 지키도록 했다. "건강이 허락하는 한도에서"라는 표현이 이를 단적으로 보여 준다. 원래 허약 체질이거나 과로로 약해진 이들, 또는 회복기의 병자라서 단식재를 지킬 수 없는 이들은 끼니마다 음식을 들 수 있게 해 주었다. 환자들은 끼니때가 아니어도 식사할 수 있었다.[28]

소박한 식사나 단식을 통해 몸을 제어하는 것은 이후 수도 생활의 역사에서 기도와 함께 항구한 규범이 되었다. 그러나 이런 수행이 사람의 당연한 필요까지 없애 주지는 못한다. 그래서 이 규범을 실행할 때 강조점은, 극기의 분량이나 목적 자체가 되어 버린 엄격함이 아니라 극기하는 이의 마음 상태에 두었다. 양이 많거나 적거나 간에 정작 중요한 것은, 이 세상의 것들로부터 점차 벗어나 마음을 깨끗이 하며 사랑으로 성장하는 일이다. 식사 때 말참견이나 말대꾸를 하고 트집을 잡던 행태를 거슬러, 대침묵 가운데 봉독되는 하느님의 말씀을 듣는 일도, 이렇게 자신을 제어하고 완성해 나가는 데 꼭 필요한 수행으로 여겼다.[29]

---

[28] 『아우구스티누스 규칙서』 3,1 참조.
[29] 『아우구스티누스 규칙서』 3,2 참조.

제3장의 나머지는, 늘 그러하듯 특유의 섬세한 심리학적 통찰과 깊은 인간적 감각으로 사람들의 다양성이라는 주제를 다룬다. 그리고 공동체 안에서 다양한 사람들을 다양한 방식으로 다루어야 한다는 점에 대해 이야기한다.[30] 입회 전의 삶의 방식 때문에 체질이 유약한 사람들이 식사 때 좀 달리 대우를 받는다 해서, 과거의 다른 생활 습성으로 인해 더 건강한 형제들이 시기나 질투를 해서는 안 된다. 허약한 사람들이 더 먹는 것은 특권이라기보다 그들의 상황을 고려한 형제적 관심이다. 오히려 튼튼한 이들은 강한 체질로 태어나 더 많은 일을 할 수 있다는 사실에 기뻐해야 한다.

마찬가지로 지난날의 부유한 생활 방식에 익숙한 어떤 이가 더 건강한 다른 이들에게는 지급되지 않는 음식이나 옷, 침구 등을 받게 되더라도, 건강한 이들은 이 형제들이 세속생활에서 수도승생활로 옮겨 오면서 포기한 것들을 가소로이 여기지 말아야 한다.[31] 정의롭다는 것은 모든 이에게 똑같은 것을 분배하는 것이 아니라, 각자에게 알맞은 것을 준다는 뜻이다. 수도승생활이 요구하는 희생에 적응하는 데 걸리는 각자의 시간과 능력을 존중하고 배려해 주어야 하기 때문이다. 남들보다 더 받는 것은 허약한 체질을 타고난 사람들에게만

---

[30] 『아우구스티누스 규칙서』 3,3 참조.
[31] 『아우구스티누스 규칙서』 3,4 참조.

주어지는 도움일 따름이다. 겉보기에 '불평등'해 보이나 사실은 사랑의 지혜로운 조정이다. 더 받는다고 해서 검소한 삶에서 면제되지도 않으며, 덜 받는다고 해서 극기의 노력을 줄여서도 안 된다. 공동체 안에서 부유한 집안 출신 형제들이 희생에 오히려 더 적극적이고, 가난한 계층 출신 형제들은 머뭇거리는 일이 더러 생김을 아우구스티누스가 지적하는 것은 우연이 아니다. 아마 자기 공동체 안에서도 그런 일이 생겼을지 모를 일이다.[32]

아우구스티누스는 출신 계층에 상관없이, 회복기에 접어든 환자들에게 특별한 관심을 기울인다.[33] 이들은 하루빨리 회복될 수 있도록 온갖 보살핌을 받아야 하지만, 일단 건강을 되찾고 나면 편안한 대접에 안주하려 하지 말고 곧바로 단순하고 검소한 생활 형태로 돌아가야 한다고 가르친다. 그리스도교 수행의 관점에서 이교 철학의 가르침을 떠올리게 하는 대목이다. 행복은 욕구를 충족시키고 필요를 늘리는 데서 찾을 것이 아니라, 오히려 욕구를 제어하고 필요 역시 점진적으로 줄여 나가는 데서 찾아야 한다는 것이다. 이를 위해서는 내적 자유와 평화가 전제되어야 한다. 그때 비로소 재산뿐 아니라 안락과 자족도 포기할 수 있기 때문이다. 그렇지 않으면 이기

---

[32] 『아우구스티누스 규칙서』 3,4 참조.
[33] 『아우구스티누스 규칙서』 3,5 참조.

주의가 손쉽게 스며 들어와, 마음을 흐리게 하고 덕행을 향한 발걸음을 무겁게 만들어 버린다. "많이 소유하는 것보다 요구가 적은 것이 더 낫다"[34]는 것을 배움으로써, 스스로를 정화하고 이기주의를 무찌르며 사랑으로 폭넓어진다.

정결과 형제적 교정

『아우구스티누스 규칙서』 제4장은 단순하고 수수한 옷차림을 우선적으로 권하고 있다. 옷으로가 아니라 덕스러운 삶으로 사람들의 마음에 들어야 한다는 것이다.[35] 외출 때 늘 함께 가야 한다는 규정은 그렇게 해서 서로를 지켜 줄 수 있다는 뜻으로 해석해야 하며,[36] 당연히 당대 사회문화의 맥락에서 알아들어야 한다. 축성된 수도생활에 맞갖은 처신에 관한 일반 규정은 제4장 전체의 핵심 주제다.[37] 이성을 갈망하거나, 자신이 갈망의 대상이 되기를 바라는 유혹에 빠지지 않도록, 이성에 대해 신중하고 절도 있는 자세를 지녀야 한다는 것이다.[38]

---

[34] 『아우구스티누스 규칙서』 3,5.
[35] 『아우구스티누스 규칙서』 4,1 참조.
[36] 『아우구스티누스 규칙서』 4,2 참조.
[37] 『아우구스티누스 규칙서』 4,3 참조.
[38] 『아우구스티누스 규칙서』 4,4 참조.

인간 본성의 나약함에 대한 날카로운 통찰력으로, 아우구스티누스는 특히 눈길의 위험성을 강조한다. 어떤 여성에게도 눈길이 고정되지 말아야 한다는 것이다. 마태오 복음 5장 28절에서 보듯, 욕망이 담긴 눈길은 그 자체로 죄가 되기 때문이다. 정결치 못한 눈은 마음에 담긴 악을 드러내 보인다. 비록 육체적으로 결합하지 않았다 해도, 부정한 욕망이 솟는 순간 정결은 이미 손상되는 것이다. 사람들은 당연히 이런 태도를 알아차리게 마련이거니와, 설혹 사람들에게 들키지 않았다 하더라도 모든 것을 보시는 하느님께 들키지 않을 수는 없는 법이다.[39] 『아우구스티누스 규칙서』는 이런 잘못이 가볍지 않다는 사실을 지적하면서 하느님께 대한 거룩한 경외를 간직하도록 초대한다. 이것은 벌에 대한 두려움 때문이 아니라 순결한 사랑을 간직할 수 있는 은총을 청하기 위해서다.

정결을 지키려는 노력과 관련하여 개인의 책임뿐 아니라, 공동체에서 함께 살고 있는 형제들의 공동 책임도 언급하고 있다.[40] 하느님께서는 각자에게 당신 선물을 주실 뿐만 아니라, 우리와 이웃들의 노력을 통해 그 선물을 지켜 주신다. 선에서 함께 성장하려는 노력에는, 서로 존경과 우애와 지지를 아끼지 않는 가운데 악에 함께 저항하려는 의지가 동반되어

---

[39] 『아우구스티누스 규칙서』 4,5 참조.
[40] 『아우구스티누스 규칙서』 4,6 참조.

야 한다. 한 형제가 여인에게 추파를 던져 유혹하려 할 때(눈길은 언제나 흐려진 마음을 알려 주는 첫째 표시다), 형제들은 그 악을 뿌리에서부터 잘라 내기 위해 즉시 그에게 충고해 줄 의무를 지닌다.[41] 아우구스티누스는 충고를 받은 다음에도 계속 잘못을 저지르는 이를 "치료받아야 할 부상자"[42]에 비유한다. 형제적 교정은 사랑뿐만 아니라 단호함으로 이루어져야 한다는 것이다. 마태오 복음 18장 15-17절에 기록된 방식에 따라, 우선 과오를 알려 주어야 한다.[43] 그런 다음 치유책을 찾아내야 한다. 사랑은 고쳐야 할 병을 숨기지 않고, 마땅한 염려와 온갖 적절한 방법으로 그 병을 치료한다. 여기서 연민은 거짓 사랑에 지나지 않는다. 참사랑은, 잘못을 뉘우치거나 고칠 생각이 없는 사람을 공동체에서 내보내는 극단적 요법을 써서라도, 악이 퍼지는 것을 단호하게 막도록 요구한다. 악이 한 사람으로부터 다른 형제들에게로 번지는 일을 방지하기 위해서다.

음습한 눈길, 넓은 의미로는 정욕과 관련된 이러한 가르침의 노선은 다른 모든 죄들과 관련해서도 똑같다. "사람은 사랑하되 그의 악습은 미워하는 마음"[44]은 형제들이 저지르는

---

[41] 『아우구스티누스 규칙서』 4,7 참조.
[42] 『아우구스티누스 규칙서』 4,8.
[43] 『아우구스티누스 규칙서』 4,8-9 참조.
[44] 『아우구스티누스 규칙서』 4,10.

죄들을 "찾아 주고 막아 내며 알려 주고 검증하고 벌하는"[45] 끊임없는 노력의 길잡이가 된다. 죄를 고백하면 용서해 주고 그를 위해 기도해 주어야 하지만,[46] 잘못을 저지르고도 뉘우침의 표지가 없는 이는 엄하게 다스려야 한다는 것이다.[47]

재물의 사용

『규칙서』 제5장은 더 이상 글자 그대로 적용할 수 없는 부분들 때문에 그 자체로 규범처럼 받아들이기보다, 규정들을 지배하는 정신이 무엇인지 살펴보아야 한다.

무릇 수도자는 재물과 일상생활에 필요한 것들[48]에 마음을 쓰기보다, "거룩한 내적 옷"[49]을 드러내는 표지가 되어야 한다. 그래서 모든 사유私有를 포기하고 공동체가 평등하게 분배해 주도록 맡겨야 한다. 수도 가족이 된 다음에는 사사로운 이익이 아니라 타인을 섬기는 일에 투신해 가야 하되, "자신을 위한 개인 일을 할 때보다 더 열심히 그리고 더 기쁘게"[50]▶

---

[45] 『아우구스티누스 규칙서』 4,10.
[46] 『아우구스티누스 규칙서』 4,11 참조.
[47] 『아우구스티누스 규칙서』 4,11 참조.
[48] 『아우구스티누스 규칙서』 5,1 참조.
[49] 『아우구스티누스 규칙서』 5,1.

해야 한다. 공동 것을 개인 것보다 앞세우며 사랑을 실천할 때마다 영적으로 더 진보하게 된다. 여기서도 완덕의 기준은 사랑이다. 지상의 것들과 필요들은 잠시 지나가지만, 사랑은 영원히 남는다.[51]

개인에게 필수적인 것이라 할지라도 모든 것을 전적으로 공유해야 한다고 거듭 강조하는 이유가 여기서 분명히 드러난다. 심지어, 부모나 친척에게서 받은 것을 몰래 간직하면 훔친 것으로 여기기까지 한다.[52] 소유는 욕구들을 증폭시키며, 욕구들은 영혼을 오염시킨다. 마음이 가난할 때에만 타인을 향해 눈이 열리고, 그들에게 정말 필요한 것이 무엇인지 알아차리게 된다. 의복에 관해서든[53] 공중목욕탕 이용에 관해서든,[54] 아니면 병에 관해서든[55] 혹은 책이나 신발에 관해서든,[56] 『규칙서』의 모든 규정은 바로 이런 사랑의 빛으로 해석해야 한다. 아낌없이 주고, 각자의 고유한 필요를 감안하며, 장상의 뜻에 맞게 그 필요들을 너그럽게 채워 주고, 인간의

---

[50] 『아우구스티누스 규칙서』 5,2.
[51] 『아우구스티누스 규칙서』 5,2 참조.
[52] 『아우구스티누스 규칙서』 5,3 참조.
[53] 『아우구스티누스 규칙서』 5,4 참조.
[54] 『아우구스티누스 규칙서』 5,5,7 참조.
[55] 『아우구스티누스 규칙서』 5,6,8 참조.
[56] 『아우구스티누스 규칙서』 5,9-11 참조.

진정한 선과 공동체 전체의 선을 위해 섬김을 다하는 그 사랑의 빛으로 말이다.[57]

받은 상처의 용서

사랑은 서로 참아 주고 견뎌 주는 것을 통해서도 표현된다. 인간 본성의 나약함과, 기질이나 감수성이나 교양 수준의 차이에서 비롯하는 어려움과 문제들은 종종 공동체 구성원들 사이에서 알력의 동기가 된다. 상호 존중과 선의, 용서의 실천은 갈등을 즉시 봉합하고 분쟁에 종지부를 찍는 데 본질적이다. 이런 분쟁들은 미움을 키우고 더러는 검불을 기둥으로 바꾸어 버리기도 한다.[58] "너는 어찌하여 형제의 눈 속에 있는 티는 보면서, 네 눈 속에 있는 들보는 깨닫지 못하느냐?"라는 마태오 복음 7장 3절의 표상들이 여기서 다른 뜻으로 이용되기는 해도, 정신과 마음에 어둠을 드리우는 분노를 통해 조그만 일들이 눈덩이처럼 커져서 마침내는 넘지 못할 산더미가 되고 만다는 아우구스티누스의 생각을 뒷받침해 준다. "자기 형제를 미워하는 자는 모두 살인자입니다"라는 요한 1서 3장

---

[57] 『아우구스티누스 규칙서』 5,5-11 참조.
[58] 『아우구스티누스 규칙서』 6,1 참조.

15절의 말씀도 미움이 죽음을 불러온다는 그의 생각을 확증해 주고 있다. 미움받는 사람만 생명을 빼앗기는 것이 아니라 미워하는 사람도 생명을 잃게 된다는 것이 아우구스티누스의 생각이었다. 모든 존재가 살아가는 토대, 그 본질 자체가 바로 사랑일진대, 이 사랑이 약해지는 까닭이다.

타인의 마음을 상하게 하면 될 수 있는 대로 빨리 진정한 사과와 보정補正의 행동을 해야 한다.[59] 죄에서 해방시켜 주는 상호 용서는 기도로써 정화되고 그 가치가 증폭된다. 용서는 분열을 없애고 평화를 재건하며 사랑의 질서를 새로이 탄생시켜 준다. 특히 '주님의 기도'를 바칠 때, 마음을 다해 용서의 은혜를 청해야 한다. 하느님께서 우리 죄를 용서해 주시도록, 우리도 우리에게 상처를 준 사람들을 진심으로 용서해야 한다. 용서하는 사람, 그리고 우리 안에 늘 마지막까지 살아 꿈틀거리는 교만을 억누르면서 겸손히 용서를 청하는 사람만이 수도 공동체에 소속될 자격이 있다.[60]

사실 용서를 청하려 하지 않거나 청해도 진심이 아닌 사람은, 설혹 수도원에서 내보내지 않는다 해도 헛되이 수도생활을 하는 것이다.[61] 그의 마음이 한마음으로 살아가는 사랑의

---

[59] 『아우구스티누스 규칙서』 6,2 참조.
[60] 『아우구스티누스 규칙서』 6,2 참조.
[61] 『아우구스티누스 규칙서』 6,2 참조.

공동체[62]가 아니라 다른 데로 떠나가 있기 때문이다.

공동체 생활에서 권위를 행사하는 지도적 위치의 사람에게는 용서 청할 의무가 면제된다. 더러 규율을 유지하기 위해 젊은이들[63]을 견책할 경우 대단히 단호해야 할 때가 있고, 그러다 보면 지나치게 되기도 하는 법이다. 이 경우, 견책이 지나쳤음을 본인이 안다 해도 용서 청하는 일이 의무처럼 부과되지는 않는다. 이는 겸손이 넘쳐흐르는 나머지 권위의 무게가 손상되지 않게 하려는 것이다.[64] 요컨대 용서를 청하는 것이 적절한지 경우마다 살피고 결정하는 권한을 부여함으로써, 잘못을 갚는답시고 더 큰 선을 좀먹는 일이 생기지 않도록 한 것이다. 여기서 문제가 되는 것은 악담이나 미움 따위로 저지른 잘못이 아니라, 어디까지나 사람을 다듬어 완성시키려는 의도로 행한 견책으로서, 사랑에서 기인한 행위다. 비록 고쳐야 할 잘못에 비해 견책이 지나쳤다고 하더라도 말이다. 이 대목에서도 사랑이 판단의 최종 규범으로 다시 드러나고 있다. 그러나 정당한 권위를 지키고 강화하기 위해 형제 앞에서 저지른 잘못에 대해 해명하지 않아도 된다 할지라도, "모든 이의 주님 되시는 분"[65]께는 용서를 청해야 한다. 그분

---

[62] 『아우구스티누스 규칙서』 1,2 참조.

[63] 여기서 말하는 '젊은이들'(minores)이란 로마법상 25세 미만을 뜻한다.

[64] 『아우구스티누스 규칙서』 6,3 참조.

은 지향의 올곧음을 심판하시며 이 지향이 변질되지 않도록 사랑 안에서 지켜 주시는 분이시다. 이 사랑은 성령께서 우리 마음 안에 부어 주시고, 성령께서는 겸손의 초자연적 토대가 되신다.[66]

권위와 순명

『아우구스티누스 규칙서』 제7장은 온통 순명과 권위의 실천을 다루고 있다. 공동체의 짐을 지고 가는 평신도 장상praepositum과, 아마도 주교로부터 교구의 수도원들과 그 구성원을 보살피라는 명을 받았을 사제 — 오늘날 같으면 '교구 수도자 담당 주교 대리'쯤으로 불렸을 법한 — 에게는 자녀다운 사랑과 진정한 존경을 드려야 한다고 말한다.[67] 장상이란 가정을 따듯이 보살피는 아버지와도 같지만 동시에 공동체 생활 규칙을 보호하고 보장해 주는 사람임을 강조하려는 것이다. 그에게 순명하지 않는 것은 곧 하느님의 마음을 상하게 해 드리는 일이다.[68] 하느님은 형제들 안에서 공경받으시기 때문이다.[69]

---

[65] 『아우구스티누스 규칙서』 6,3.
[66] 『아우구스티누스 규칙서』 6,3 참조.
[67] 『아우구스티누스 규칙서』 7,1 참조.

장상은 정해진 규정을 성심껏 지키고, 그것이 다 채워지지 않을 경우 바로잡아 고쳐 주어야 하는 임무를 진다.[70] 장상의 지혜는 권력으로 지배하는 데 있지 않고 사랑으로 섬기는 데 있다.[71] 형제들의 존경에 힘입어 형제들보다 더 높은 자리에 불림 받은 그가 하느님 앞에서 응답하는 자세는 사랑이며, 이 사랑은 그로 하여금 형제들 발아래 머물게 한다. 그는 선행의 모범을 보이며 인도자로서 지혜로이 직무를 수행함으로써 종들 가운데 첫째가 되는 것이다.[72] 그의 균형 감각은 사랑에서나 규율을 보존하기 위한 단호함에서나 다 같이 드러날 것이나, 비록 둘 다 중요하다 할지라도 언제나 사랑을 앞세워야 한다. 형제들에게 두려운 존재가 되기보다는 사랑받는 사람이 되는 것이 늘 더 나은 법이다.[73] 여기서 아우구스티누스가 말하는 '두려움'은 장상에게 바쳐야 하는 마땅한 존경이 아니라, 징벌이 두려워 멀찌감치 물러나 있는 상태를 뜻한다. 사랑이 배어들지 않은 두려움이 만드는 균형은 오래가지도 않거니와 공동체 생활에서 든든하고도 풍요로운 관계를 건설하

---

[68] 『아우구스티누스 규칙서』 7,1 참조.
[69] 『아우구스티누스 규칙서』 1,8 참조.
[70] 『아우구스티누스 규칙서』 7,2 참조.
[71] 『아우구스티누스 규칙서』 7,3 참조.
[72] 『아우구스티누스 규칙서』 7,3 참조.
[73] 『아우구스티누스 규칙서』 7,3 참조.

지도 못한다. 자기가 받은 소임이 얼마나 벅찬 것인지를 잘 알아 하느님 앞에서 겸손하게 직무를 수행하는 장상[74]과, 열린 마음으로 기꺼이 장상의 뜻을 따르는 형제들은 모두 같은 방향으로 걸어가는 셈이며, 자신을 넘어 참된 선을 바라보는 법을 배우게 된다. 공동생활이 지니게 마련인 만만치 않은 무게를 기꺼이 짊어지게 하는 힘은 형제들을 통하여 드러나는 하느님의 사랑이다.

순명은 "가장 높은 자리에 있으면서 가장 큰 위험에 처한"[75] 장상을 향한 애틋한 마음을 통해서도 드러난다. 순명은 명예욕에서 연민으로 옮아가게 해 준다. 하느님께서 성령을 통해 거주하시는 집을 함께 건설하기 위해 넓은 마음으로 헌신한다는 표지가 바로 순명이다.

『규칙서』 준수

결론부인 제8장에서 아우구스티누스는 『규칙서』의 핵심 정신과 그 준수에 관하여 말한다. 사랑이 또다시 중심 자리를 차지하고, 신비적이고 관상적인 전망이 펼쳐진다. 아름다움 자

---

[74] 『아우구스티누스 규칙서』 7,3 참조.
[75] 『아우구스티누스 규칙서』 7,4.

체이신 분을 깊이 사랑한 아우구스티누스의 발자취와 놀라운 모범을 좇는 수도 공동체는 "영적 아름다움"[76]을 향하여 타오르는 열망을 지니게 마련이다. 수행과 관상을 통해 가꾸어지는 이 내적 아름다움은 "그리스도의 향기"[77]를 풍기는 개인과 공동체 증언의 바탕이기도 하다. 이런 수도 공동체와 개인은 예수님을 본받는 사도적 삶을 통하여 복음적 덕행의 향기를 온 세상에 퍼뜨린다. 이러한 추종은 율법의 종살이나 강요나 두려움이 아니라 은총의 자유에서 태어난다.[78] 은총이야말로 사람을 속으로부터 변모시키고, 자기와 타인의 성화를 위하여 명하는 선을 기꺼이 사랑하게 한다.

아우구스티누스가 『규칙서』 준수를 어떻게 강조하는지는 『규칙서』를 일주일에 한 번 읽고 이를 삶으로 충실히 반영하라는 초대에서 잘 드러난다.[79] 『아우구스티누스 규칙서』는 정해진 규정에 자기의 삶이 맞갖은지 살펴보는 '거울'로 묘사되는데, 이 거울은 자기 모습을 있는 그대로 비추어 준다. 무엇을 잊어버리고 사는지를 밝혀 주고, 자기 생활에서 긍정적인 면과 부정적인 면을 두루 드러내 준다. 하느님의 말씀을 수도

---

[76] 『아우구스티누스 규칙서』 8,1.
[77] 『아우구스티누스 규칙서』 8,1; 2코린 2,15 참조.
[78] 『아우구스티누스 규칙서』 8,1 참조.
[79] 『아우구스티누스 규칙서』 8,2 참조.

승 이상에 적용시켜 놓은 이 거울은 의식을 밝혀 주는 빛이요 영적 진보의 길잡이다.

이 거울을 들여다보면서 거기에 맞갖은 삶을 살았다고 여긴다면 온갖 선을 베푸시는 주님께 감사드려야 할 터이고,[80] 합당하게 준행하지 못했다면 잘못에 대해 용서를 구하며 앞으로는 더 조심할 수 있도록 도우심을 청할 것이다.[81] 기도로 청하기만 하면, 자비로우신 아버지 하느님께서는 뉘우치는 마음의 진실을 알아보시고 은총의 생명에 다시 받아들여 주실 것이다.

---

[80] 『아우구스티누스 규칙서』 8,2 참조.
[81] 『아우구스티누스 규칙서』 8,2 참조.

8
『고백록』

397년과 400년 사이에 아우구스티누스는 자신의 가장 위대하고 유명한 작품인 『고백록』을 저술했다. 이 작품은 당대의 적수들(다른 민족들, 마니교, 도나투스파, 펠라기우스파 등)에게 반감을 불러일으킬 만도 했지만, 세기를 거듭할수록 독자들의 관심은 커지고 있다.[1] 『고백록』은 서방세계의 영성과 문화의 대표작 가운데 하나일 뿐 아니라, 모든 시대에 두루 읽히는 문학작품이다.

작품 구조와 구성의 복잡한 문제[2]를 지닌 『고백록』은 열세 권으로 이루어져 있다. 제1부(제1권~9권)는 자전적 이야기로 전

---

[1] 『고백록』의 다양한 문헌 전승과 그 영향에 관한 기초연구서로는 PIERRE COURCELLE, *Les Confessions de Saint Augustin dans la tradition littéraire. Antécedents et poetérité*, Paris 1963의 제2부 «La postérité des Confessions» 참조.

[2] 이 문제의 핵심을 종합적으로 보려면 *Le Confessioni*, a cura di Giuliano Vigini, Cinisello Balsamo 2001, 19-22의 해제를, 다양한 판본에 관한 더 폭넓은

개되는데, 아우구스티누스는 유아기부터 모니카의 죽음에 이르기까지 자기 삶의 여정을 회고한다. 제2부(제10권~13권)는 제1부가 아우구스티누스 주변 사람들에게 이미 퍼져 나간 뒤에 저술되었는데, 저자의 영적 상태에 관한 성찰에서 시작하여 기억(제10권)과 시간(제11권)의 문제를 다룬 다음, 우주에 관한 전망(제12권)과 창조의 의미(제13권)로 마무리된다.[3]

『고백록』의 특성 가운데 하나는 자서전의 구도와 내용을 지니고 있다는 것이다. 아우구스티누스는 자신의 생애를 대화 형식으로 재구성하면서, 아무 두려움 없이 모든 것을 속속들이 털어놓는다. 그러나 통속적인 고대문학처럼 자기 자랑이나 늘어놓으려는 의도는 아니었다. 그는 자신의 인생 여정에서 본질적이라 여겨지는 것들만으로 『고백록』을 엮어 내려 했다. 자신의 삶 안에서 활동하시는 하느님의 권능이 빛나고, 자기 작품을 통하여 하느님을 알게 될 모든 이가 격려와 위로

연구를 보려면 540-542의 정보를 참조하라. 특히 로렌초 발라 재단과 몬다도리 출판사의 *Confessioni*, a cura di Manlio Simonetti, trad. di Gioacchino Chiarini, Milano 1992~1997, 5 voll. 제1권에 수록된 자크 퐁텐(Jacques Fontaine)의 해제 9-134; NORBERT FISCHER / CORNELIUS MAYER (Hgg.), *Die Confessiones des Augustinus von Hippo. Einführung und Interpretationen zu den dreizehn Büchern*, Freiburg - Basel - Wien 1998에 수록된 해제 11-49 참조.

[3] 『고백록』 각 권의 내용에 관한 연구는 *Le Confessioni*, a cura di Giuliano Vigini, Cinisello Balsamo 2001의 독서 안내(433-451)와 주제별 색인(455-522)을, 특히 REMO PICCOLOMINI, *Agostino si racconta. Introduzione a «Le Confessioni» di Sant'Agostino*, Roma 2004를 참조하라.

를 얻게 하려는 까닭이었다. 이런 이야기들은 때로 하찮게 들리기도 하고, 침묵과 암시에 그치는 다른 사건들에 비해 덜 중요해 보이기도 한다. 그러나 회심 이전의 심리와 지적 · 종교적 고뇌를 비롯하여 새로운 신앙 생활의 영적 열매, 수행과 신비적 관상 체험에 이르기까지 아우구스티누스가 겪은 내적 체험의 실질적인 줄거리를 표현하고 있다. 자서전의 분명한 틀을 완성하는 데 필요한 재료들이 더러 부족할지라도 이야기의 핵심을 놓치거나 논지를 잃어버리는 법이 없다. 『고백록』은 시시콜콜한 일화들을 뭉뚱그려 놓은 책이 아니라, 영적 지평을 열어젖히는 영혼의 고백이기 때문이다.

회심

『고백록』의 화룡점정畵龍點睛은 회심이다. 회심은 찾아 나서는 여정이다. 혼란스러운 생각과 감정, 저항하는 이성, 내적 갈등을 거쳐 마침내 진리를 만나는 극적인 장면들이 이어진다. 회심은 긴 항해 끝에 만나는 항구와도 같다. 거기서는 은총으로 태어나는 기적을 맛보고 경축한다. 회심은 새로운 시작이기도 하다. 하느님과 형제들에게 자신을 선물로 내어 놓는 변화된 삶을 보여 주기 때문이다.

하느님을 향해 나아가는 인간의 여정, 영혼의 진화 과정을 이렇게 비유로 설명할 수도 있으리라. 내적 난파를 겪고 떠밀려 온 바닷가에서 하느님이 보이지 않거나, 아득하게 느껴지는 순간들도 있다. 닻을 내릴 항구는 찾을 길 없고, 하느님은 도무지 다가갈 수 없는 분처럼 느껴지기도 한다. 끝없는 긴장, 진리를 향한 하염없는 열망이 빚어내는 고통을 온 마음으로 거부하는 순간들도 있다. 신앙의 근거를 찾아 헤매지만 오히려 의혹의 외딴섬에 갇혀 버리기 때문이다. 묵묵히 기다려야 하는 순간들도 있다. 언젠가는 당신을 드러내 주시리라는 믿음만이 칠흑 같은 어둠 속에서도 먼동을 알아보게 해 주는 까닭이다. 특별한 은총의 순간들도 있다. 그때에는 이미 찾은 빛을 자신 안에 가두어 두지 않고, 끊임없이 빛을 찾아 나서고, 빛 안에서 자라나고, 빛을 나누어 준다.

아우구스티누스의 회심 여정을 살펴보면, 그는 언제나 자기 내면으로 깊이 들어가고 싶어 했다. 자신 안에 고요히 잠긴다는 것은 스스로를 살피고, 행동을 판단하고, 소명을 식별하며, 인생관에 어울리는 일을 꾸준히 선택하는 일이다. 이성의 토대 위에서 믿음을 다져 나가는 끈기 있는 훈련을 통해 이성주의의 위험한 덫에서 벗어나 하느님 신비를 이해하게 되고 하느님께 지름길로 나아가게 된다. 윤리 의식을 곤추세우고, 선과 은총에 둔감하게 하는 악습과 욕정과 온갖 허위의식을 이겨 낼 의지를 단련하는 일이 이 영적 여정에서 결정적으로 중요하다. 이를 통해 지적 회심과 영적 회심이 이루어지고, 하느님을 이해하고 맞아들이는 기쁨을 누리게 된다.

마치 사진처럼 회심의 내적 여정을 묘사하는 장면들은 의심할 나위 없이 『고백록』의 가장 중요한 동기를 이루고 있다. 거기서 우리는 잔인하리만치 솔직하게 벌거벗은 한 인간을 만나게 된다. 그는 자신을 숨김없이 파헤쳐 놓음으로써 자신의 내적 진실을 샘솟게 한다. 아우구스티누스가 수사학적 기법을 사용하고 온갖 지혜로운 표현 방식을 활용할지라도 그의 고백은 '문학'의 틀에 갇히는 법이 없다. 아우구스티누스에게 생생한 느낌으로 다가가기 위해서는 그가 하느님을 만나기까지 겪었던 긴 투쟁을 떠올리는 것만으로 넉넉할 것이다. 『고백록』의 수많은 대목들은 인간적으로 나약하고, 그리스도인으로서는 불충하며, 유혹에 쉽게 걸려 넘어지고, 하느님을 사랑하려는 의지가 박약할뿐더러, 언제나 '마음의 할례'[4]를 두려워하는 아우구스티누스를 보여 준다. 그러나 『고백록』은 바로 이 동일 인물이 하느님으로 말미암아 변화되어 전혀 새로운 방식으로 사랑하며 살아가게 되는, 경탄스럽고 인상적이기 그지없는 다른 장면들도 보여 준다.

---

[4] 신명 10,16; 30,6; 예레 4,4; 9,25; 로마 2,29 참조.

하느님 찬미

회심의 은총이 얼마나 크고, 그 어떤 상급보다 더 귀한지에 대해 아우구스티누스는 『고백록』 전체에서 증언하고 있다. 제1권을 그 유명한 찬미 기도로 시작하는 것은 우연이 아니다. 인간은 자신의 비참과 죄의 구렁텅이 속에서 하느님의 위대하심을 찬미하고, 온갖 선과 가없는 평화의 토대이신 하느님께서는 당신 피조물을 당신에게 부르시고자 자비로이 굽어보신다.

> 주님, 당신께서는 위대하시고, 크게 찬양받으실 분이십니다(시편 144,3 참조). 당신의 권능은 크고 당신의 지혜는 헤아릴 길 없습니다(시편 146,5 참조). 당신 피조물의 한 조각인 인간이 당신을 찬미하려 합니다. 제 죽을 운명을 짊어지고 다니는 인간, 자기 죄의 증거와 교만한 자들을 물리치신다는 증거를 짊어지고 다니는 인간이옵니다. 그럼에도 당신 피조물의 한 조각인 인간이 당신을 찬미하기 원하옵니다. 임께서는 당신 찬미를 즐기라 재촉하시고, 당신을 향하도록 우리를 만드셨으니, 당신 안에서 쉬기까지는 우리 마음이 불안합니다.[5]

---

[5] 『고백록』 1,1,1.

찬미는 『고백록』의 핵심이며, 아우구스티누스 자서전의 결정적 특징이다.[6] 『고백록』에서는 물론 자신의 허물과 나약함을 인정하는 대목도 만만찮은 무게를 지니고 있지만, 하느님께 받은 헤아릴 수 없는 선물에 온 마음으로 감사드리는 애틋한 찬미는 한결같이 더 돋보인다. 자신의 부당함을 외면하지도 않고, 죄스러운 지난날의 쓰라린 기억을 잊어버리지도 않지만, 용서와 은총을 통하여 베풀어 주신 하느님 자비에 언제나 더 크게 감동한다.

죄인의 영혼에서 샘솟는 은총을 죄의 결과들(타락과 종살이, 불안과 걱정, 흉한 몰골과 죽음 등)이 막을 수는 없다. 죄를 용서하시고, 굳건한 신앙과 꿋꿋한 의지를 주시며, 마음속에 사랑의 능력을 키워 주시는 하느님의 섭리를 『고백록』은 늘 일깨워 준다. 인간이 하느님을 만나러 가는 것이 아니라, 하느님께서 주도권을 쥐고 인간을 찾아오시며 당신 몸소 인간의 영혼을 변화시키고 채워 주신다. 허물어진 초라한 집, 고치고 치워야 할 보잘것없는 집 한 자락에 빈자리를 마련하여 하느님을 맞아들이기만 하면, 그분 몸소 들어오시어 당신 선물로 가득 채워 주시리라.[7]

---

[6] 이 찬미의 주제에 관한 신학적 분석은 CIPRIANO VAGAGGINI, *La teologia della lode secondo S. Agostino*, in *La preghiera nella Bibbia e nella tradizione patristica e monastica*, Cinisello Balsamo 1988², 399-467 참조.

[7] 『고백록』 1,5,6 참조.

모든 자비의 원천이신 하느님의 놀라운 일들은 하찮은 피조물 안에서도 끊임없는 찬미를 샘솟게 한다.[8] 이것이 바로 『고백록』의 저술 목적이며 내용의 요약이다.[9] 인간이 할 수 있는 최고의 표현은 찬미다.[10] 시편 146장 2절의 말씀 — "나는 주님을 찬양하리라, 내가 사는 한. 나의 하느님께 찬미 노래 하리라, 내가 있는 한" — 은 구원받은 인간이 부르는 노래다. 모든 것이 찬미일지니, 모든 것이 은총인 까닭이다. 이 진리의 메시지가 『고백록』에 고스란히 담겨 있다. 완전하신 하느님께서는 인간과 피조물 안에서 이루시는 놀라운 일들을 통하여 우리를 이끌어 주시고 영감을 불어넣어 주신다.[11]

사랑의 발견

『고백록』에서 인간이란 태어날 때부터 깊은 신비를 품고 있는 존재이며, 그 삶은 죽음으로 치닫는 하루살이 인생이 아니다.[12] 아우구스티누스는 '인간'이라는 수수께끼 앞에서 물러서

---

[8] 『고백록』 4,4,7; 6,1,1; 6,16,26 참조.
[9] 『재론고』 2,6,1 참조.
[10] 『시편 상해』 44,9 참조.
[11] 『고백록』 1,4,4; 1,6,10 참조.
[12] 『고백록』 4,10,15 참조.

지 않고, 자신의 경험과 마음의 모순을 파헤치며 끈질기게 물고 늘어진다. 고통에 시달리고 악에 물들어 파멸할 운명을 지닌 인간존재의 신비는 심오하고 난해하다. 그러나 이러한 인간 조건에도 낙심하거나 절망하지 않는다. 아우구스티누스의 전망은 타락과 비참, 무거운 죄의 무게에 닫혀 버리지 않고, 하느님께서 인간을 위하여 창조하시고 끊임없이 재창조하시는 아름다운 우주 전체를 향해 열려 있다. 피조물의 비참함은 언제나 창조주의 끝없는 자비와 연결되어 있다. 그분은 희망을 낳는 힘을 지니셨으니,[13] 그 희망은 모든 존재가 은총의 선물을 통해 죄악의 종살이에서 해방되리라는 것이다.

  자비는 인간의 발걸음에 방향을 잡아 주고 앞으로 나아가도록 이끌어 준다. 하느님은 당신께 다가가려는 이에게는 종점이면서 출발점이시고, 목적지이면서 여정이시며, 마지막 희망이면서도 지금 이 순간의 의지처이시다. 하느님은 당신을 찾는 이들에게만 자신을 드러내시는 분이 아니다. 아우구스티누스에게 그러하셨듯, 하느님은 당신을 배신하고 당신에게서 멀어진 사람들마저 당신 자비로써 동행해 주시고, 어루만져 주시고, 가까이 불러 주신다. 그리스도께서는 아버지의 사랑을 잊어버린 사람들[14]을 찾아 이 세상에 일부러 오셨다.

---

[13] 『고백록』 10,29,40; 10,32,48 참조.
[14] 『고백록』 11,2,4 참조.

불안하고 어수선한 그들의 삶을 하나로 모으려 오신 것이다.[15] 그리스도는 아버지의 사랑의 길이시다. 『고백록』 제10권은 그리스도교 희망의 토대이신 그리스도를 묵상해야 하는 까닭을 이렇게 잘 요약하고 있다.

> 선하신 아버지, 당신께서는 우리를 사랑하신 나머지 당신 외아드님마저 아끼지 않으시고 우리 불경한 자들을 위하여 그분을 내어 주셨습니다(로마 8,32 참조). 당신께서 우리를 얼마나 사랑하셨기에, 그분은 하느님과 같음을 노획물로 여기지 않으시고 십자가 죽음에 이르기까지 순종하셨습니다(필리 2,8 참조). 그분 홀로 죽은 이들 가운데서 자유로우시고, 당신 목숨을 내놓을 권한도 있고 그것을 다시 얻을 권한도 지니고 계십니다(요한 10,18 참조). 그분은 우리를 위하여 당신께 승리자요 희생물이 되셨으니, 희생물이신 까닭에 승리자이십니다. 그분은 우리를 위하여 당신께 사제요 제물이 되셨으니, 제물이신 까닭에 사제이십니다. 그분은 당신에게서 태어나시고, 우리를 섬기심으로써 우리 종들을 당신 자녀로 만들어 주셨습니다. 그분을 통해 내 모든 병이 낫게 되리라는 내 굳센 희망이 그분 안에 있으니, 그분은 당신 오른쪽에 앉아 우리를 위하여 당신

---

[15] 『고백록』 11,29,39 참조.

께 간구해 주십니다(로마 8,34 참조). 그렇지 않다면 저는 절망하고 말 것입니다. 병은 많고도 큽니다. 정녕 많고도 크오나, 당신의 약은 더 크옵니다. 당신 말씀이 사람[살]이 되시어 우리 가운데 사시지 않았더라면(요한 1,14 참조) 당신 말씀이 인간과 동떨어져 있다고 생각하여 우리 스스로 절망했을 수도 있습니다.[16]

인간은 이 사랑으로 창조되었고, 이 사랑 안에서 자라나며, 이 사랑에 이끌린다. 하느님을 향해 나아가는 길은 머리와 마음에서 시작하지만, 하느님과 이루는 사랑의 친교 안에서 활짝 꽃핀다. 인간의 소명은 하느님의 아버지다운 사랑을 알아 뵙는 데 있다. 하느님은 예정된 곳으로 우리를 인도하시고자 우리 인생 틈바구니에 들어오신다. 하느님의 사랑을 알아뵙는다는 것은, 비록 죄 때문에 하느님과 맺은 관계가 잠시 끊어질지라도, 그분께서 언제나 새롭게 인간과 우정을 맺으러 오신다는 확신을 지닌다는 뜻이다. 인간은 자기 영혼의 '무게'가 사랑으로 이끌리도록 내맡기기만 하면 된다. 사랑으로 불타오른 그는 마침내 하느님의 행복과 평화가 넘치는 드높은 거처에 오르게 될 것이다.[17]

---

[16] 『고백록』 10,43,69.

[17] 『고백록』 13,9,10 참조.

사랑의 결말이자 마지막 선물은 "고요한 평화, 안식일의 평화, 해거름 없는 평화"[18]다. 『고백록』 제1권이 인간 마음의 불안[19]으로 시작되었다면, 제13권은 당신을 바라고 살아가는 모든 사람이 "영원한 생명의 안식일"[20]에 들 수 있게 해 달라는 청원으로 마무리된다. 아우구스티누스는 『고백록』의 긴 여정을 마무리하면서, 지상 모험의 의미와 창조주 하느님께서 베풀어 주신 사랑의 기적을 되새긴다. 저녁노을은 밤의 어둠이 아니라 새날을 알리는 그윽한 빛이며, 상실이나 체념이 아니라 주님 안에서 누리게 될 안식에 대한 그리움이다. 아름답기 그지없는 질서 속에 있는 저 사물들이 제 갈 길을 마무리하고 사라질지라도,[21] 그것을 더 이상 누릴 수 없다는 아쉬움에 사로잡히지 않는다. 영혼은 이미 주님을 만난다는 즐거운 기대로 가득 차 있으니, 그때에는 모든 근심은 사라지고 행복한 희망이 이루어질 것이다.

사랑은 아우구스티누스의 삶과 사상에서 핵심 요소다.[22] 아우구스티누스는 줄곧 하느님을 영원하고 변함없는 사랑으로

---

[18] 『고백록』 13,35,50.

[19] 『고백록』 1,1,1 참조.

[20] 『고백록』 13,36,51.

[21] 『고백록』 13,35,50 참조.

[22] 아우구스티누스 사상의 핵심 주제 가운데 하나인 사랑에 관한 선집 SANT' AGOSTINO, *Ama. Riflessioni sul fondamento della vita*, Prefazione di Gianfranco Ravasi, Traduzione e postfazione a cura di Giuliano Vigini, Milano 2006 참조.

묘사한다. 그 사랑은 최고선이요 최고의 아름다움이다.[23] 늦게야 사랑한, 이토록 오랜, 이토록 새로운 아름다움[24]을 향한 아우구스티누스의 열망이 『고백록』에서 고스란히 전해진다.

기도와 묵상

아우구스티누스의 말은 처음부터 끝까지 기도와 묵상으로 빚어진 것이다. 이 두 가지 요소가 설교의 다양한 줄거리에 얼마나 자연스레 묻어나는지 놀라울 따름이다. 아우구스티누스의 내적 삶이 곧 그의 말인 셈이다. 그의 말마디에서는 기도의 숨결이 느껴진다. 자신이 얼마나 가난한지 절감하는 그의 영혼은 자신에게 얼마나 하느님이 필요한지도 고백한다. 그분의 자비로운 사랑을 바라고 간청하고 찬미하는 그는, 그지

---

[23] 『고백록』 3,6,10 참조.

[24] 『고백록』 10,27,38 참조: "늦게야 임을 사랑했나이다. 이렇듯 오랜, 이렇듯 새로운 아름다움이시여, 늦게야 임을 사랑했나이다! 임께서는 제 안에 계셨거늘 저는 밖에 있었고 밖에서 임을 찾으며 임께서 만드신 그 아름다운 피조물 속에 일그러진 저를 내던졌나이다. 임께서는 저와 함께 계셨지만 저는 임과 함께 있지 아니하였습니다. 당신 안이 아니면 존재할 수조차 없는 것들이 저를 붙들어 임에게서 멀어지게 하였나이다. 임께서는 부르시고 외치시어 제 귀먹음을 고치셨고 비추이고 밝히시어 제 눈멀음을 쫓으셨나이다. 임께서 향기를 피우시니 숨 쉴 때마다 임 그리워하고 임을 맛보았기에 배고프고 목마르며 임께서 저를 어루만져 주셨기에 임의 평화를 열망하나이다."

없이 놀라운 선물에 감사하고 찬양한다. 그리하여 모든 것은 마음 깊이 드리운 사랑의 뿌리에서 솟아나고, 귀양살이하는 광야에서 본향을 향한 발걸음을 재촉한다. 인생길에서 마주하는 걱정과 안심, 눈물과 기쁨, 침묵과 외침은 이 영적 여정에 장단을 맞추고, 하느님을 사랑하고픈 "내적 인간의 포옹"[25]에서 샘솟는 기도에 음정과 박자와 음색을 더해 준다.

오, 우리 주 하느님, 당신 날개 그늘에서 우리가 희망하고 있사오니 우리를 보호하시고 우리를 안고 가 주십시오. 당신께서는 어린이들을 안고 가시되, 백발이 될 때까지 안고 가실 것입니다. 당신이 계실 때 비로소 우리 굳셈이 굳셈이오니, 우리 굳셈이란 약함일 따름입니다. 우리 선은 언제나 당신 앞에 살아 있으니, 당신을 등지면 우리는 고꾸라지고 맙니다. 주님, 이제 당신께 돌아가 다시는 쓰러지지 않으렵니다. 우리 선이 당신 앞에 어떤 결함도 없이 언제나 살아 있는 것은 바로 당신께서 선이신 까닭입니다. 돌아갈 곳 없을세라 두려워하지 않으리니, 우리가 추락한 곳이 바로 거기인 까닭입니다. 당신 영원의 우리 집은 우리가 없어도 허물어지지 않기 때문입니다.[26]

---

[25] 『고백록』 10,6,8.
[26] 『고백록』 4,16,31.

아우구스티누스의 기도와 묵상의 중심에는 인간은 나약하지만 언제나 다시금 희망할 수 있다는 확신이 자리 잡고 있다. 믿음으로 떨치고 일어나 굳세게 살아갈 수 있는 용기를 주시는 희망의 하느님이 계시기 때문이다. 아우구스티누스가 하느님과 나눈 대화는 궁극적으로 이 희망의 메시지를 우리 인간에게 전해 주려는 것이다.

9
정통 신앙

아우구스티누스가 오랜 세월 주교로서 펼친 사목 활동을 가장 잘 요약해 주는 것은, 약한 사람들을 신앙의 요새 안에서 돌보면서 온 힘을 다해 이성적으로 설명해 내는 모습일 것이다.[1] 그는 신앙을 싹틔우고, 북돋우고, 지켜 주고, 굳건히 하는 임무[2]인 설교와 교리교육, 토론과 변론과 교의 연구에 치열하게 매달렸다.

397년부터 400년 초까지는 마니교의 공세에 맞서 정통 신앙을 지켜 내는 일에 주력했다. 아우구스티누스가 그 이전에 이미 저술한 마니교 반박 작품들도 적지 않다. 예컨대 『마니 제자 아디만투스 반박』*Contra Adimantum Manichaei discipulum*은 아우구스티누스가 주교품을 받기 한 해 전인 394년에 저술되었

---

[1] 『서간집』 118,5,32 참조.
[2] 『삼위일체론』 14,1,3 참조.

다. 이러한 초기 작품들에서도 아우구스티누스는 마니교의 틀을 허물기 위해 끊임없이 마니교의 근본 개념을 반박하고 가톨릭 교리의 핵심을 제시했으며, 만물과 선의 창조자이신 하느님의 본질과 악의 기원 문제 등을 분명하게 정리하였다.

『마니교 기조 서간 반박』Contra epistulam Manichaei quam vocant fundamenti(397년), 『마니교도 파우스투스 반박』Contra Faustum Manichaeum(400~402년),[3] 『선의 본성』De natura boni(404~405년),[4] 『마니교도 세쿤디누스 반박』Contra Secundinum Manichaeum(404~405년)[5]은 엇비슷한 시기에 저술된 주요 작품들인데, 마니교가 주장하는 성경의 모순이란 존재하지 않고 오히려 성경 안에서 그 해답과 조화를 찾을 수 있다고 주장한다.

405년 이후에도 마니교 논쟁이 완전히 마무리되지는 않았지만 상당히 줄었고, 드물게 다루는 문제가 되었다. 아우구스티누스의 빼어난 성경 주해와 교리 해설로 마니교가 두루 타격을 받았을 뿐 아니라, 마니교 스스로도 아우구스티누스가 직접 개입할 기회를 줄여 버렸기 때문이다. 아우구스티누스의 거센 반격에 마니교의 선교 활동은 눈에 띄게 시들해졌다.

---

[3] 부록의 아우구스티누스 저술 목록과 연보에는 A.D. FITZGERALD, Augustine through the Ages. An Encyclopedia, Cambridge 1999에 따라 397/399년으로 표기했다 — 역자 주.

[4] 부록에는 399년 — 역자 주.

[5] 부록에는 399년 — 역자 주.

마니교의 패배가 이어졌고, 마니교의 영향력 있는 인물들마저 무릎을 꿇었다. 오랜 세월 마니교 재정 후원자였다가 회심하여 가톨릭 사제가 된 피르무스라는 상인[6]이나, 404년 12월 7일과 12일에 히포 성당에서 벌인 공적 토론에서 아우구스티누스에게 패배한 마니교의 '뽑힌 이' 펠릭스[7]는 마니교가 갑작스레 몰락하여 사양길로 접어들었음을 알려 주는 신호였다.

아우구스티누스는 마니교 논쟁에서 천천히 손을 떼면서 도나투스 논쟁에 날을 세운다. 400년부터 411년까지 10여 년 동안 이 논쟁에 쉬지 않고 매달려, 모든 지력과 온 마음을 도나투스 열교와의 일치에 쏟아부었다. 적잖이 소실되기는 했지만, 수많은 저서가 교회 안에 사랑의 친교를 선포하고 바로 세우려는 아우구스티누스의 열정을 담고 있다. 아우구스티누스는 글로써만 도나투스파에 맞서지 않았다. 아우구스티누스가 상대한 도나투스파 가운데 카르타고의 파르메니아누스, 콘스탄티나의 페틸리아누스, 마우리타니아 지방 카이사리아의 에메리투스와 같은 거장들이 있었는가 하면, 문법학자 크레스코니우스, 카르타고의 프리미아누스, 타물가디의 가우덴티우스처럼 비열하고 교만한 자들도 있었다. 아우구스티누스는 설교 · 토론 · 편지 · 여행과 같은 공적 · 사적 기회를 활용

---

[6] 포시디우스 『아우구스티누스의 생애』 15,5 참조.
[7] 포시디우스 『아우구스티누스의 생애』 16,4 참조.

하여, 성사와 교회의 본성에 관한 문제들(성사 집전자의 거룩함과 관련된 성사의 유효성, 죄인을 품고 있는 교회의 거룩함 등)을 깔끔하게 정리하고 교회론의 중심축을 세웠다. 단호하면서도 언제나 대화에 열린 마음으로 허물어진 일치를 다시 세우고 다져 나갔다.

411년 카르타고에서 열린 교회회의는 도나투스파에게 치명타를 날렸다. 아우구스티누스의 주도로 황제의 명에 따라 286명의 가톨릭 주교들과 279명의 도나투스파 주교들이 함께 모였다. 이 교회회의에는 황제의 공증관 플라비우스 마르켈리누스가 참관했다. 가톨릭 신자였던 그는 절도와 정의감을 지닌 인물이었다. 사흘에 걸친 강행군 속에서 다양한 문헌과 회의록, 증언집을 작성하고 읽었다. 대립과 격론으로 뜨겁게 달아오른 분위기 속에서도 아우구스티누스는 객관적 사실, 분열의 진짜 이유, 진정한 화해 가능성에 바탕을 둔 본질적인 내용들에 관하여 차분하게 토론을 이어 갔다. 교회회의가 끝날 무렵 황제의 권위는 가톨릭의 승리를 선포했다. 그러나 도나투스파는 패배를 인정하지 않았고, 가톨릭교회가 황제의 권력과 부패한 황실 관리 마르켈리누스에게 더부살이한다고 비난하면서 반발했다.

이 회의는 한편으로는 도나투스파의 종식을 승인했지만, 다른 한편으로는 이미 존재하던 분열을 가중시키는 결과를 가져왔다. 아우구스티누스는 이 결정이 빚어낸 상황들 때문에 고통스러운 나날을 엮어 가야 했다. 분열 자체로도 그러했거니와, 적지 않은 가톨릭 신자들이 교회에 다시 돌아오는 도나투스파 형제들에게 옹졸하고 배타적인 태도를 보였기 때문이다. 히포 교구 밖에서까지 노력을 기울였지만 일치의 재건에 성공하지 못했다. 아우구스티누스를 더 무겁게 짓누른 것은 신자들의 몰이해와 사랑 없는 태도였다. 사랑을 선포하고 증언하기 위해 그토록 애썼던 아우구스티누스였기에 신자들에게 걸었던 기대가 무너졌을 때 좌절감마저 느꼈을 것이다. 오직 사랑만이 모든 것을 유효하게 하고, 사랑 없이는 다 헛일이라 외쳐 왔기 때문이다. 그러나 아우구스티누스는 이러한 상념에 오래 머무를 겨를이 없었다. 그를 기다리던 또 다른 문제들이 힘을 보태 달라고 아우성치고 있었기 때문이다. 마니교 이단과 도나투스 열교 다음으로 펠라기우스 이단의 열풍이 불어 닥치기 시작했다. 아우구스티누스도 결단력과 심화된 교의로 무장하여 이에 맞섰다.

펠라기우스주의

이 이단은 펠라기우스[8]의 이름에서 유래했다. 펠라기우스는 로마에서 오랫동안 살았던 브리타니아 출신 수도승이었다.

380년경 로마에 도착한 펠라기우스는 알라리쿠스가 이끄는 고트족이 로마를 함락하자(410년) 처음에는 아프리카로 피난 갔다가 나중에는 팔레스티나로 피신했다. "거룩하면서도 그리스도교 생활에 진취적이었던"[9] 그는 로마에서 매우 존경받았고 많은 젊은이가 그를 따랐다. 명철하고 인기 있는 저술가의 면모를 보여 준 수많은 윤리 작품과 성경 주해 작품들에 그치지 않고 신학 저술에 매달림으로써 위험한 교설로 가는 길에 들어섰다. 펠라기우스의 주장은 예전의 그 어떤 교설보다 더 위험하고 미묘한 문제였고, 그리스도교의 근본을 뒤흔들어 놓을 수도 있는 사안이었다. 그는 원죄의 유전을 부인했고, 죄의 용서를 위한 세례의 효력을 부정했으며, 자유의지와 은총은 조화되기 어렵다고 보았다. 이 모든 주장은 그리스도교 교리나 신심에 관련된 것들이었다. 펠라기우스주의는 구원자 그리스도를 중심으로 삼는 가톨릭 신앙의 알맹이를 제거한 채, 그리스도교를 단순한 인본주의로 환원시켜 버렸다.

아우구스티누스가 펼친 논쟁은 펠라기우스뿐 아니라 그 추종자들을 겨냥했다. 특히 격렬하고 타협할 줄 모르는 두 제

---

[48] 펠라기우스와 펠라기우스주의에 관해서는 GEORGES DE PLINVAL, *Pélage. Ses écrits, sa vie et sa réforme*, Lausanne 1943; SERAFINO PRETE, *Pelagio e il pelagianesimo*, Brescia 1961; BRINLEY R. REES, *Pelagius, a reluctant heretic*, Woodbridge 1991²; BRINLEY R. REES, *The letters of Pelagius and his followers*, Woodbridge 1991 참조.

[9] 『죄벌과 용서 그리고 유아세례』 3,1,1.

자, 곧 로마의 법률가 켈레스티우스와 에클라눔의 주교 율리아누스였다.[10] 켈레스티우스의 파문을 결정한 카르타고 교회회의(411년)가 끝난 직후, 아우구스티누스가 펠라기우스주의 문제를 처음으로 다룬 작품은 『죄벌과 용서 그리고 유아세례』 *De peccatorum meritis et remissione et de baptismo parvulorum*(411년)다. 저자인 아우구스티누스 스스로 "위대한 책"[11]이라고 정의하는 이 작품에서 영혼의 죽음, 아담의 죄의 유전, 유아세례, 죄 짓지 않을 가능성(impeccantia: 인간이 자기 의지로 죄 없이 살 수 있는 가능성)이라는 펠라기우스 논쟁의 네 가지 핵심 주제를 모두 다룬다. 각각의 문제에 관한 아우구스티누스의 답변은 펠라기우스주의에 관한 초기 가톨릭 신학 입장을 명쾌하고 설득력 있게 대변한다.

얼마 뒤 이미 발전된 주제들을 심화한 주요 작품인 『영과 문자』 *De spiritu et littera*(412년)를 저술한다. 이 작품은 율법과 은총의 구분과 관계, 은총의 필요성, 은총과 자유의 완전한 조화에 관하여 다루고 있다. 몇 해 뒤 『본성과 은총』 *De natura et gratia*(415년)을 저술하는데, 아우구스티누스는 이 작품에서 펠

---

[10] 켈레스티우스에 관해서는 GUIDO HONNAY, *Caelestius, discipulus Pelagii*, in «Augustiniana» 44 (1994) 271-302; 율리아누스에 관해서는 JOSEF LÖSSL, *Julian von Aeclanum. Studien zu seinem Leben, seinem Werk, seiner Lehre und ihrer Überlieferung*, Leiden 2001 참조.

[11] 『서간집』 169,13.

라기우스가 『본성』*De natura*이라는 저서에서 펼쳐 놓은 교설의 핵심을 요약한 다음, 은총을 옹호하면서 논의를 이어 나간다. 곧 은총이란, 본성을 거스르지 않고 오히려 자유롭게 하고 이끌어 준다는 것이다.[12]

길고도 복잡한 펠라기우스 논쟁은 415년부터 새롭게 발전하는데, 그것은 교회 권위의 모순적 개입 때문이었다.[13] 디오스폴리스 교회회의(415년)에서 펠라기우스를 사면하자, 아프리카 교회에 어마어마한 파장이 밀어닥쳤다. 심각한 상황은 아우구스티누스를 비껴가지 않았다. 자주 찢어지고 늘 해지기 직전이던 교회일치의 너덜너덜한 씨줄과 날줄을 다시 엮는 일에 그는 갖은 노력을 다 기울였다. 『율리아누스 반박』*Contra Iulianum*(421~422년)으로 불붙은 새로운 논쟁은 은총이라는 주제를 중심으로 끊임없이 발전해 나간다. 이 주제에 관해서는 특히 『은총과 자유의지』*De gratia et libero arbitrio*(426~427년), 『훈계와

---

[12] 『재론고』 2,42 참조.

[13] 팔레스티나 디오스폴리스 교회회의(415년 12월 20일)에서는 자기주장을 변론하면서도 켈레스티우스의 주장은 배격한 펠라기우스를 사면했다. 그 뒤 밀레비스 교회회의(416년)와 카르타고 교회회의(417년)는 펠라기우스 이단을 단죄했고, 인노켄티우스 교황의 추인을 받았다(417년 1월 27일). 인노켄티우스의 후계자 조시무스 교황은 펠라기우스 이단을 다시 문제 삼았다. 그는 펠라기우스와 켈레스티우스를 교회에 받아들이려고 아프리카 주교들이 이 문제를 꼼꼼하게 재검토하도록 권고했으나, 결국 자기 손으로 펠라기우스 교설을 단죄하고 펠라기우스파를 파문했다(418년). 에페소 공의회(431년)는 다시금 펠라기우스주의를 결정적으로 단죄했다. 포시디우스 『아우구스티누스의 생애』 18,1-4 참조.

은총』*De correptione et gratia*(426~427년)에서 마지막까지 깊이 있게 다룬다. 필요한 곳이라면 어디든 달려가서 신앙과 진리와 형제적 일치를 끝까지 증언하는 섬김의 정신은 가실 줄 몰랐다. "사랑으로 박차를 가한 마차와 같은"[14] 말과 글로써 아우구스티누스는 다양하고 숨 가쁜 활동에 투신했다. 수많은 저술과 편지와 설교는 아우구스티누스의 엄청난 지적 노고와 뜨겁게 불타는 영혼 위에 세워진 기념비다. 그 영혼은 언제나 신앙으로 빛났고, 자신을 위해서는 아무것도 챙기지 않았다.

위대한 종합

논쟁과 분열, 갖가지 사목적 근심거리로 고생하면서도 아우구스티누스는 틈틈이 시간을 내고 집중력을 발휘하여 신학, 성경 해석, 영성의 큰 틀을 세울 수 있었다.

주교가 된 지 얼마 되지 않아 네 권으로 된 『그리스도교 교양』*De doctrina christiana*을 집필하기 시작했다(396년). 그 가운데 "첫 세 권은 성경을 이해하도록 도와주고, 넷째 권은 이해한 것을 어떻게 표현해야 하는지 가르쳐 준다".[15] 아우구스티누

---

[14] 『삼위일체론』 3,1.
[15] 『재론고』 2,4.

스는 이 작품에서 처음으로 성경 해석 방법론, 성경을 읽는 정신 자세, 오류에 빠지지 않고 특별한 표현들을 파악하기 위한 언어적·문화적 소양, 성경의 보화를 다른 이들과 나누는 데 필요한 웅변술의 기본 원칙을 다룬다.

『그리스도교 교양』을 쓴 지 3년이 지나, 아우구스티누스는 『삼위일체론』 De Trinitate을 저술하기 시작했다(399년). 열다섯 권으로 이루어진 이 책은 422년경에야 마무리되었다. 삼위일체 교의와 신학을 체계적으로 원숙하게 종합한 이 작품은 전통의 바탕 위에서 근원적 성찰을 통해 새롭고 드넓은 지평을 열어젖힌다. 아우구스티누스는 교부들을 인용하고 교회의 가르침을 설명하는 데 그치지 않고, 어려운 문제들을 따져 물으며 위대한 신비를 파고든다. 아우구스티누스의 이러한 직관은 엄청난 신학적 진보를 가능하게 했다. 예컨대 성령의 특성과 활동에 관한 성경 주석이 그러하다.[16] 『삼위일체론』은 그리스도교 철학에도 깊이를 더해 주었다. 사변적 성찰과 영적 체험이 하나로 어우러지고, 신앙과 아름다움이 절묘한 조화를 이루어 내는 작품이라 하겠다.

신학과 성경 주석에 관한 아우구스티누스의 노력은 『시편 상해』 Enarrationes in Psalmos와 『요한 복음 강해』 In Ioannis Evangelium

---

[16] 『삼위일체론』의 성령론과 성령에 관한 성경 본문 해석은 GIUSEPPE FERRARO, *Lo Spirito Santo nel «De Trinitate» di Sant'Agostino*, Casale Monferrato 1987 참조.

*tractatus*에 집중된다. 『시편 상해』(392~422년)는 설교 활동에서 나온 두툼한 문헌을 모은 것이다. 이 작품의 내용과 특성을 살펴보자면, 그 주제가 놀랍도록 풍부하고, 즉흥적인 민중 언어를 사용하고 있으며, 그 표현과 묘사가 사실적이고, 인간미가 듬뿍 배어 있다. 시편에 관한 이 사목 주해서는 마치 커다란 거울처럼 인간 영혼의 숨은 구석까지 샅샅이 비추고 있다. 아우구스티누스는 하느님 말씀을 겸손하게 쪼개어 형제들에게 너그럽게 나누어 준다. 형제들이 말씀을 받아들이고 자신들의 삶 속에서 실천하게 하려는 까닭이다. 『요한 복음 강해』(406~421년?)[17]와 『요한 서간 강해』*In Ioannis epistulam ad Parthos tractatus*(406~407년)도 이러한 배경에서 탄생했다. 대부분 민중에게 행한 강해와 설교에서 나온 것이기에 『시편 상해』에 영감을 준 똑같은 동기들이 강해의 특성과 방법과 문체 안에 독특하게 담겨 있다. 『요한 복음 강해』와 『요한 서간 강해』는 아우구스티누스가 세우려던 성경 주석적이면서 교의적인 건물을 제대로 완성한 작품이다. 그 건물은 '전체 그리스도' totus Christus를 축으로 세워져 교회일치와 삶의 원천인 사랑을 기둥 삼아 짜여 있다.[18]

---

[17] 부록에는 407/8~419/20년 — 역자 주.

신국

5세기에 접어들어 아우구스티누스가 붙들고 작업한 수많은 저술들 가운데 『신국론』(412~427년)[19]은 신학과 사상사에서 엄청난 비중을 지닌 탁월한 작품이다. 410년 로마가 함락되자 모든 이가 깜짝 놀랐다. 이교도들은 그리스도인들이 비이성적 교리를 믿고, 사회적으로는 무능하며, 세상이 무너지고 도시가 멸망해도 아무런 구실도 못한다는 비난을 퍼붓고 있었다. 그렇다고 해서 아우구스티누스가 이교도를 반박할 목적으로만 『신국론』을 저술한 것은 아니다. 『신국론』은 이교도에 대한 단순한 반론이 아니라, 인류의 새 역사를 써 내려가는 그리스도인의 믿음과 지혜와 희망의 장엄 교향곡이다. 철학과 이교 문화와 윤리를 바탕으로 역사의 의미를 그리스도교

---

[18] 아우구스티누스의 성경 주석에 관한 총체적 전망은 VITTORINO GROSSI, *Leggere la Bibbia con S. Agostino*, Brescia 1999; 이 주제에 관한 방대한 참고문헌은 CHARLES KANNENGIESSER, *A select bibliography. 1945~1995*; ANNE-MARIE LA BONNARDIÉRE, *Augustine and the Bible*, edited and translated by Pamela Bright, Notre Dame 1999 (*Saint Augustin et la Bible*, Paris 1986) 321-342 참조.

[19] 『신국론』을 개관하려면 *Opere di Sant'Agostino. La Città di Dio*, «Nuova Biblioteca Agostiniana» V/1, Roma 1990² 를 비롯하여, *La Città di Dio*, introduzione, traduzioni, note e appendici di Luigi Alici, Milano 2001²; *La Città di Dio*, introduzione e cura di Carlo Carena, Torino 1992 참조. 전문 연구서로는 *Il «De Civitate Dei». L'opera, le interpretazioni, l'influsso*, a cura di Elena Cavalcanti, Roma 1996; JOHANNES VAN OORT, *Jerusalem and Babylon. A study into Augustine's «City of God» and the sources of his doctrine of the two cities*, Leiden 1991 참조.

적으로 성찰하고, 역사 속에서 은총으로 일하시는 하느님을
소개한다. 신학적·윤리적 차원(우상숭배, 비윤리성, 교만, 권력욕 등)
에서 이교도를 반박하고 그 당시 사회에 퍼져 있던 이교적 뿌
리를 고발하는 데서 끝나지 않고, 구원 역사가 펼쳐지고 있는
다양한 현실을 폭넓게 담아내고 있다.

지상 도성은 선과 악, 의인과 악인, 자신에 대한 사랑amor sui
과 하느님에 대한 사랑amor Dei의 대립으로 묘사된다. 섭리의
하느님께서는 인간을 천상 도성으로 인도하시고자 지상 도성
에서 내적으로 활동하신다.[20] 천상 도성에서는 "진리가 승리
요, 거룩함이 품위이며, 평화가 행복이요, 생명이 영원이다."[21]
하느님의 도성 예루살렘은 구세주 그리스도를 중심에 모시고
있다. "이 길을 벗어나서는 아무도 해방되지 못했고 지금도
해방되지 못하며 앞으로도 해방되지 못할 것이다."[22] 하느님
이신 그리스도는 인간이 가야 할 목적지가 되고, 인간이신 그
리스도는 인간이 걸어가야 할 길이 된다.[23] 반면, 인간의 도성

---

[20] 두 도성의 핵심 사상은 이미 『참된 종교』에 들어 있고 『시편 상해』에서 다시 논의되며 『입문자 교리교육』에서 심화된다. 두 도성에 기원을 둔 두 가지 사랑이라는 주제는 이미 『창세기 문자적 해설』(*De Genesi ad litteram*)에서 그 첫 형태가 보인다. 아우구스티누스는 『신국론』 제2부가 시작되는 제11권부터 두 도성의 기원과 특성을 다룬다.

[21] 『신국론』 2,29,2.

[22] 『신국론』 10,32,2.

[23] 『신국론』 11,2 참조.

바빌로니아는 하느님께 대한 극단적 반항이 상징적으로 의인화된 마귀를 그 중심으로 삼는다. 교만이 겸손에 맞서고, 지배가 순명에 맞서며, 쾌락과 배타적 자기애가 모든 이를 향한 사랑과 선에 맞선다. 두 도성은 지금 몸으로는 뒤섞여 있고 영으로는 구분되어 있지만, 훗날, 곧 심판 날에는 몸으로도 분리될 것이다.[24] 두 도성은 인류 역사에서 서로 대립되어 있으나, 우리를 기다리는 본향의 빛은 인간의 역사를 늘 비추고 있다. "하느님 안에서 서로 향유하는 더없이 질서 있고 더없이 화합하는 사회"[25]는 거기서 비로소 실현될 것이다.

하느님의 도성은 영적이며 초월적인 종말을 뜻하지만, 인간 도시의 이상을 가늠하는 시금석이기도 하다. 역사 안에서 펼쳐지는 구원 계획의 한 부분인 지상 도성은 시간 속에서 잠시 순례하고 있는 하느님 도성의 모상이며, 하느님의 도성과 더불어 사랑의 관계 속에서 살도록 부름 받았다. 지상 도성이 역사의 주인이신 그리스도와, 세상에서 순례하는 하느님 나라의 모상인 교회를 저버린 채 구원 계획에서 벗어난다면,[26] 자기 안에 갇혀 버린 역사는 악의 세력 아래로 떨어지고 말 것이다.

---

[24] 『입문자 교리교육』 19,31 참조.
[25] 『신국론』 19,13,1.
[26] 『신국론』 20,9,1 참조.

그러나 하느님에 대한 사랑은 역사의 십자가 앞에서 꽁무니를 빼지 않는다. 이 십자가를 받아들임으로써 구원에 이르게 되고, 교만하게도 하느님을 떠나 세속의 영(이기주의, 자만, 소유, 지배욕)에 따라 사느라 분열되었던 인간존재가 다시 일치를 이루기 때문이다. 천상 도성에서 내려오시어 인간 역사를 온전히 관통하시는 아버지의 사랑은 천지창조 때부터 종말의 순간까지 이어지며, 하느님에게 문을 닫아 건 지상 도성의 사랑과 대조된다. 이 두 가지 사랑의 끊임없는 긴장과 대립은 세상의 '한밤중'에 있는 신앙의 힘겨운 진보 과정을 보여 준다. "교회는 세상의 박해와 하느님의 위로 사이에서 나그넷길을 갈 것이고",[27] 지상 것들의 '탄식'과 미래의 것들에 대한 약속된 기쁨 사이에서 희망의 여정을 걸어갈 것이다.

모험의 끝

『신국론』은 아우구스티누스의 마지막 작품이 아니다. 연로한 나이와 수많은 일거리에도, 아우구스티누스는 426년 9월 26일부터 교구 행정 일부를 에라클리우스 사제에게 맡긴 채 다

---

[27] 『신국론』 18,51,2.

양한 저술 작업에 손을 댄다. 이 가운데 『재론고』Retractationes (426~427년)가 있다. 『수정』修正(Revisio) 또는 『재고』再考(Reconsideratio)라고도 불리는 이 작품은 아우구스티누스 사상의 탄생과 발전 과정을 재구성하고, 해당 논제를 다루게 된 진정한 의도를 이해하고, 아우구스티누스의 내면 깊숙이 파고드는 데 매우 중요하다. '마지막 고백록'이라 불리기도 하는 『재론고』에서 아우구스티누스는 자신이 저술한 모든 작품을 주의 깊게 성찰하고 비평하면서 다시 읽은 다음, 작품의 소재와 배경, 저술 시기와 해석의 열쇠를 알려 준다. 모호한 구석이나 왜곡과 조작의 여지를 남기지 않기 위해, 필요할 경우에는 분명히 밝히고, 바로잡고, 보완한다. 죽음이 가까이 다가왔음을 예감한 아우구스티누스는 이렇게 자신의 진정한 해석을 거친 소중한 저술들을 후세에 유산으로 물려주었다. 그러나 사목 활동도 펼치고, 이미 손을 댄 작품들도 마무리하고, 더 이상 미루어 둘 수 없는 논쟁거리에 대한 초고도 집필하느라 아우구스티누스는 『재론고』에 마침표를 찍을 수 없었고, 마지막 작품들까지 정리하여 완성하지는 못했다.

430년 겐세리쿠스가 이끄는 반달족이 히포 시를 포위한 지 석 달째 되던 날 아우구스티누스는 죽을병에 걸렸다.[28] 이십

---

[28] 포시디우스 『아우구스티누스의 생애』 29,3 참조. 포위는 열넉 달 동안 지속되었다.

년 전 로마가 고트족에게 함락되었을 때에도 꿋꿋하게 견디어 냈던 강인한 체력이었지만, 새로운 외적의 잔인한 공격 아래서는 더 이상 버티지 못했다. 아우구스티누스의 마지막 나날은 뜨거운 눈물과 끝없는 고통으로 점철되었다.[29] 도시 전체를 처참하게 짓밟은 학살과 파괴, 고문과 만행 때문이었다.[30] 기도와 참회 시편 독서가 유일한 위로였다. 누워서 곰곰이 되새기고 읽을 수 있도록 참회 시편을 짧게 옮겨 적게 하고는 그 종이를 침대 옆 벽에 붙여 놓게 했다. 이렇게 아우구스티누스는 깊은 묵상 속에서 주님을 만나 뵐 준비를 하고 있었다.[31]

430년 8월 28일 죽음이 아우구스티누스를 맞아들인다. 그의 나이 76세였다. 반달족의 약탈과 방화에도 기적적으로 보존된 그의 유해와 도서관은 히포에서 칼리아리로 옮겨졌다.[32] 아마도 다른 아프리카 주교들과 함께 사르데냐로 귀양을 간 루스페의 풀겐티우스 주교(468~533년)가 자신의 첫 유배 시기(508/9~516/17년) 또는 두 번째 유배 시기(518/519년)에 그랬을 것이다. 그 후 720년과 725년 사이에 랑고바르드의 경건한 왕 리우트프란두스는 사라센족에게 '큰 대가'를 지불하고 사라센족

---

[29] 포시디우스 『아우구스티누스의 생애』 28,12 참조.
[30] 포시디우스 『아우구스티누스의 생애』 28,6-8 참조.
[31] 포시디우스 『아우구스티누스의 생애』 31,2-3 참조.
[32] 포시디우스 『아우구스티누스의 생애』 20,10 참조.

으로부터 아우구스티누스의 시신을 받아 내어 칼리아리에서 파비아로 이장하였고, 치엘 도로의 성 베드로 대성당 제대 아래 오늘날까지 안치되어 있다.[33] 그의 무덤 앞에 있는 대리석 아치는 아마도 아우구스티누스를 위해 세워진 기념물 가운데 가장 아름다울 것이다.

신비롭게도 성 아우구스티누스의 여정은 자신이 회심한 장소에서 그리 멀지 않은 곳에서 마무리되었다. 지상 여정의 마지막 항구가 자신의 영적 탄생지와 일치한다는 사실은 아름답기 그지없다. 자신의 몫을 다한 뒤 영혼의 본향으로 돌아간 아우구스티누스처럼, 그가 유산으로 물려준 모든 것을 실천하는 일은 우리의 몫이다.

---

[33] 대성당에는 아우구스티누스 외에도 랑고바르드 왕 리우트프란두스와 철학자 세베리아누스 보에티우스의 유해가 안치되어 있다.

옮기고 나서

10여 년 전 땅끝 너머 보길도 촌집에서 열흘 가까운 휴가를 함께 보내며 포시디우스의 『아우구스티누스의 생애』를 초벌 번역했던 행복한 기억이 아직도 생생하다.

그 후로도 한동안 우리는 거의 해마다 남해와 강원도, 경남 고성 바닷가에 머물면서 번역 휴가를 즐겼다. 기도하고 밥 먹는 시간을 빼고는 해돋이에서 해넘이까지 번역하고 그 감동을 서로의 술잔에 따라 나누며 하루를 마감했다. 아우구스티누스의 『요한 서간 강해』와 교부학 입문서 『교부들의 길』도 그렇게 우리말로 태어났다.

그러나 지난 몇 해 동안 우리는 예전과 같은 낭만적인 공동 번역을 할 수 없는 형편이었고, 꽤 오랜 시간 원고를 돌려 읽고 다듬는 더디고도 번거로운 협력 과정을 거쳐 이제야 이 책을 펴내게 되었다.

세계적으로도 그러하려니와 우리나라에서도 아우구스티누스에 대한 관심이 꾸준하다. 아우구스티누스의 대표작 『고백록』이 우리말로 처음 소개된 해는 1954년(『懺悔錄』, 김정준 옮김, 대한기독교서회)이다. 마지막 세 권(제11-13권)을 생략한 채 영어 번역본에서 엮어 옮긴 것이기는 하지만, 비극적 전쟁 직후 상처투성이의 우리 민족에게 이 소중한 영적 자산을 선사하려 고군분투孤軍奮鬪한 김정준 목사(1914~1981)의 애틋한 정성이 가득한, 감동적인 맏물이다. 그로부터 10여 년이 지난 1965년 시인이자 라틴어 대가大家인 최민순 신부(1912~1975)의 번역으로『고백록』전 13권이 성바오로출판사(바오로딸)에서 출간된 이래, 50여 년 동안 적어도 40종 가까운 번역본들이 다양한 제목으로 쏟아져 나왔고, 앞으로도『고백록』 열풍은 잦아들지 않을 것 같다(이 책 끝에 덧붙인 '아우구스티누스 저술의 우리말 번역' 참조).

　현재 아우구스티누스의 작품들이 꾸준히 우리말로 번역되고 있고, 아우구스티누스를 주제로 삼은 석·박사 학위 논문들과 다양한 분야의 학술 논문과 단행본도 끊임없이 출간되고 있으며, 굵직한 입문서들도 없지는 않지만, 아우구스티누스의 진면목을 두루 보여 주는 균형 잡힌 길잡이가 늘 아쉬웠다.

　이 책은 작은 거인처럼 간략한 분량 안에 거대한 아우구스티누스의 생애와 사상을 함축적으로 품고 있다. 저자 줄리아노 비지니는 정통 교부학자는 아니지만 서양 고전에 해박한 이탈리아 편집출판전문가로서, 아우구스티누스를 비롯한 고대 그리스도교 문헌의 이탈리아어 번역에 헌신해 왔다. 기존 성과물들에 대한 사전(辭典)처럼 치밀한 연구 분석을 바탕으로 아우구스티누스의 작품들을 권위 있게 해석하고 생애를 재구성하는 일이 가능했던 까닭이기도 하다. 아우구스티누스 연구에 필요한 자료와 정보들을 체계적으로 정리해 놓은 것도 이 책의 큰 미덕이다.

이 책에 관한 소개는 아우구스티누스 연구로 박사학위를 받은 교황 베네딕토 16세(요제프 라칭거)가 추기경 시절 쓴 추천사로 넉넉할 것이다. 한국 독자들이 아우구스티누스를 공부하고 이해하는 데 작은 디딤돌이 될 수 있다면 더 바랄 것이 없다.

지난 2011년에 발견된 카라바조(Michelangelo Merisi da Caravaggio, 1571~1610)의 작품 「성 아우구스티누스」(1600년경)를 표지그림으로 골랐다. 아직도 작품을 둘러싼 논의가 한창이지만, 보석이 박힌 주교관과 금 지팡이(牧杖)에 황금빛 복장을 한 아우구스티누스의 낯익은 성화(聖畵)들과는 달리, 소박한 수도승 차림의 이 그림이 아우구스티누스의 실제 모습에 훨씬 더 가깝다고 확신하기 때문이다(『설교집』 355,2; 356,13 참조).

지금도 우리 맏형 배기현 신부와 함께 가끔 찾아뵈올 때면 황홀한 심포지엄에 흠뻑 취하게 해 주시는 '우리 선생님' 정달용鄭達龍 신부님(대구가톨릭대학교 명예교수)께 이 책을 바친다.

2015년 성 아우구스티누스 축일
이연학 · 최원오

아우구스티누스 저술 목록

1. 아우구스티누스 저술의 원제목은 Giuliano Vigini, *Sant'Agostino. L'avventura della grazia e della carità. Presentazione di Joseph Ratzinger*, Milano 2006, 121-126쪽의 저술 목록을 근간으로 삼되, A.D. Fitzgerald, *Augustine through the Ages. An Encyclopedia*, Cambridge 1999, xxxv-il의 장점을 보완하고, *Augustinus-Lexikon*과 *Clavis Patrum Latinorum* 등을 참고하였다.

2. 아우구스티누스 저술의 우리말 번역은 성염의 『아우구스티누스傳』(성바오로출판사 1992, 361-371쪽)의 초역과 그 수정본(1998)을 기본적으로 수용했으나, 작품의 뜻을 충분히 담아내지 못한 것들은 새롭게 옮기거나 바로잡고, 소실된 작품명도 덧붙여 포시디우스 『아우구스티누스의 생애』(이연학·최원오 역주, 분도출판사 2008)에 부록으로 실었다가, 한국교부학연구회의 최종 검토를 거쳐 『교부 문헌 용례집』(노성기·안봉환·이상규·이성효·최원오·하성수 엮음, 수원가톨릭대학교출판부 2014)에도 수록하였다.

3. 이 저술 목록은 한국교부학연구회의 『교부 문헌 용례집』을 따랐으며, 인명과 지명은 한국교부학연구회의 『교부학 인명·지명 용례집』(하성수 엮음, 분도출판사 2008)을 따랐다.

    PL   *Patrologiae cursus completus, Series Latina*, J.-P. Migne (ed.), 221 vol., Paris 1841~1864 [라틴 교부 총서]

    PLS   *Patrologiae Latinae Supplementum*, A. Hamman (ed.), 5 vols., Paris 1958~1970 [라틴 교부 총서 보충판]

    CSEL   *Corpus scriptorum ecclesiasticorum latinorum*, Wien 1866ss [라틴 교회 저술가 전집]

    CCL   *Corpus Christianorum, Series Latina*, Turnhout 1954ss [라틴 그리스도교 문헌 전집]

    NBA   *Nuova Biblioteca Agostiniana*, Roma 1962ss [아우구스티누스 전집]

저서	약어	저술 연도	PL	CSEL	CCL	NBA
Ad catholicos fratres 가톨릭 형제들에게	Cath. fr.	402/405	43	52		15,2
Ad Emeritum episcopum Donatistarum post conlationem [deperditus] 도나투스파 주교 에메리투스에게 보낸 토론 후기 [소실]	Emer. Don.	415				
Ad inquisitiones Ianuarii (= Epp. 54-55) 야누아리우스의 질문 (= 편지 54-55)	Inq. Ian.	400	33	34,2		
Admonitio Donatistarum de Maximianistis [deperditus] 막시미아누스파에 관한 도나투스파의 경고 [소실]	Adm.	406				
Adnotationes in Iob 욥기 주해	Adn. Iob	399	34	28,2		10,3
Adversus Iudaeos 유대인 반박	Iud.	428/429	42			12,1
Breviculus conlationis cum Donatistis 도나투스파와의 토론 초록	Brevic.	411.6	43	53	149/A	16,2
Confessiones 고백록	Conf.	397/401	32	33	27	1

Conlatio cum Maximino Arrianorum episcopo 아리우스파 주교 막시미누스와의 토론	Conl. Max.	427/428	42		12,2
Contra Academicos 아카데미아 학파 반박	Acad.	386.11~387.3	32	63 29	3,1
Contra Adimantum Manichaei discipulum 마니 제자 아디만투스 반박	Adim.	394	42	25, 1	13,2
Contra adversarium legis et prophetarum 율법과 예언서 반대자 반박	adv. leg.	419/420	42	49	12,1
Contra Cresconium grammaticum partis Donati 도나투스파 문법학자 크레스코니우스 반박	Cresc.	405/406	43	52	16,1
Contra Donatistas 도나투스파 반박	Don.	411	43	53	16,2
Contra duas epistulas Pelagianorum 펠라기우스파 두 서간 반박	Ep. Pel.	421	44	60	18,1
Contra epistulam Donati haeretici [deperditus] 이단자 도나투스 서간 반박 [소실]	Ep. Don.	393/395			

저서	약어	저술 연도	PL	CSEL	CCL	NBA
Contra epistulam Manichaei quam vocant fundamenti 마니교 기초 서간 반박	Ep. Man.	397	42	25,1		15,1
Contra epistulam Parmeniani 파르메니아누스 서간 반박	Ep. Parm.	400	43	51		14,1-2
Contra Faustum Manichaeum 마니교도 파우스투스 반박	Faust.	397/399	35	84		
Contra Felicem Manichaeum 마니교도 펠릭스 반박	Fel.	404.12.7~12	42	25,2		
Contra Fortunatum Manichaeum 마니교도 포르투나투스 반박	Fort.	392.8.28~29	42	25,1		13,1
Contra Gaudentium Donatistarum episcopum 도나투스파 주교 가우덴티우스 반박	Gaud.	419	43	53		16,2
Contra Hilarem [deperditus] 힐라리스 반박 [소실]	Hil.	398				
Contra Iulianum 율리아누스 반박	Iul.	421/422	44			18,1
Contra Iulianum opus imperfectum 율리아누스 반박 미완성 작품	Iul. imp.	429/430	45	85,1		19,1-2

Contra litteras Petiliani 페틸리아누스 서간 반박	*Litt. Pet.*	400/403	43	52		15,2
Contra Maximinum Arrianum 아리우스파 막시미누스 반박	*Max. Arrian.*	427/428	42			12,2
Contra mendacium 거짓말 반박	*Contr. mend.*	420	40	41		7,2
Contra nescio quem Donatistam [deperditus] 익명의 도나투스파 반박 [소실]	*Nesc. Don.*	405				
Contra partem Donati [deperditus] 도나투스 일파 반박 [소실]	*Part. Don.*	411년 이전				
Contra Priscillianistas 프리스킬리아누스파 반박	*Prisc.*	415	42		49	12,1
Contra quod attulit Centurius a Donatistis [deperditus] 켄투리우스가 도입한 도나투스파 교설 반박 [소실]	*Cent.*					
Contra Secundinum Manichaeum 마니교도 세쿤디누스 반박	*Sec.*	399	42	25,2		7,1
Contra sermonem Arrianorum 아리우스파 설교 반박	*Serm. Arr.*	419	42	92		12,2
De adulterinis coniugiis 부정한 혼인	*Adult. con.*	419/420	40	41		7,1

아우구스티누스 저술 목록 189

저서	약어	저술 연도	PL	CSEL	CCL	NBA
De agone christiano 그리스도인의 투쟁	Agon.	396	40	41		7,2
De anima et eius origine 영혼과 그 기원	An. et or.	419/420	44	60		17,2
De animae quantitate 영혼의 위대함	An. quant.	387/388	32	89		3,2
De arithmetica [deperditus] 산술 [소실]	Arithm.	387				
De baptismo 세례론	Bapt.	400/401	43	51		15,1
De beata vita 행복한 삶	Beata v.	386.11~387.3	32	63	29	3,1
De bono coniugali 혼인의 유익	B. con.	401	40	41		7,1
De bono viduitatis 과부 신분의 유익	B. vid.	414	40	41		7,1
De catechizandis rudibus 입문자 교리교육	Cat. rud.	399	40		46	7,2
De civitate Dei 신국론	Civ.	413~427	41	40	47-48	5,1-3

De consensu evangelistarum 복음사가들의 일치	Cons. ev.	399/400?	34	43		10,1
De continentia 절제	Cont.	418/420	40	41		7,1
De correctione Donatistarum(= Ep. 185) 도나투스파 제도(= 편지 185)	Correct.	417	33	57		16,2
De correptione et gratia 훈계와 은총	Corrept.	426/427	44	92		20
De cura pro mortuis gerenda (ad Paulinum episcopum) (파울리누스 주교에게 보낸) 죽은 이를 위한 배려	Cura mort.	422	40	41		7,2
De dialectica 변증법	Dial.	387	32			36
De disciplina christiana 그리스도교 규율	Disc. chr.	398	40		46	
De diversis quaestionibus ad Simplicianum 심플리키아누스의 다양한 질문	Simpl.	396/398	40		44	6,2
De diversis quaestionibus octoginta tribus 여든세 가지 다양한 질문	Div. qu.	388/396	40		44/A	6,2
De divinatione daemonum 악마의 점술	Divin. daem.	406	40	41		6,2

저서	약어	저술 연도	PL	CSEL	CCL	NBA
De doctrina christiana 그리스도교 교양	Doctr. chr.	396; 426/427	34	80	32	8
De dono perseverantiae (ad Prosperum et Hilarium) (프로스페르와 힐라리우스에게 보낸) 항구함의 은사	Persev.	428/429	45			20
De duabus animabus 두 영혼	Duab. an.	392/393	43	25,1		
De excidio urbis Romae 로마 시 함락	Exc. urb.	411	40		46	
De fide et operibus 신앙과 실천	F. et op.	413	40	41		6,2
De fide et symbolo 신앙과 신경	F. et symb.	393.10.8	40	41		6,1
De fide rerum invisibilium 보이지 않는 사물에 대한 믿음	F. invis.	400	40		46	6,1
De Genesi ad litteram 창세기 문자적 해설	Gn. litt.	401/405	34	28,1		9,2
De Genesi ad litteram imperfectus liber 창세기 문자적 해설 미완성 작품	Gn. litt. imp.	393/394; 426/427	34	28,1		9,1

De Genesi adversus Manichaeos 마니교도 반박 창세기 해설	Gn. adv. Man.	388/389	34	91		9,1
De geometrica [deperditus] 기하학 [소실]	Geom.	387				
De gestis Pelagii 펠라기우스 행적	Gest. Pel.	416말/417	44	42		17,2
De grammatica 문법	Gramm.	387	32			
De gratia Christi et de peccato originali 그리스도의 은총과 원죄	Gr. et pecc. or.	418	44	42		17,2
De gratia et libero arbitrio 은총과 자유의지	Gr. et lib. arb.	426/427	44			20
De gratia Testamenti Novi (ad Honoratum) (= Ep. 140) (호노라투스에게 보낸) 신약성경의 은총론 (= 편지 140)	Gr. test.	412	33	44		
De haeresibus (ad Quodvultdeum) (쿠오드불트데우스에게 보낸) 이단	Haer.	428	42		46	12,1
De immortalitate animae 영혼 불멸	Imm. an.	387	32	89		3,1
De libero arbitrio 자유의지론	Lib. arb.	387/388~395	32	74	29	3,2

저서	약어	저술 연도	PL	CSEL	CCL	NBA
De magistro 교사	Mag.	389	32	77,1	29	3,2
De Maximianistis contra Donatistas [deperditus] 막시미아누스파에 관한 도나투스파 반박 [소실]	Max.	412				
De mendacio 거짓말	Mend.	394/395	40	41		7,2
De moribus ecclesiae catholicae et de moribus Manichaeorum 가톨릭 교회의 관습과 마니교도의 관습	Mor.	387/388	32	90		13,1
De musica 음악	Mus.	387/391	32			3,2
De natura boni 선의 본성	Nat. b.	399	42	25,2		
De natura et gratia 본성과 은총	Nat. et gr.	415, 봄	44	60		17,1
De nuptiis et concupiscentia (ad Valerium) (발레리우스에게 보낸) 혼인과 정욕	Nupt. et conc.	419/421	44	42		7,1
De octo Dulcitii quaestionibus 둘키티우스의 여덟 질문	Dulc. qu.	424	40		44/A	6,2

			PLS 2			
De octo quaestionibus ex Veteri Testamento 구약성경에 관한 여덟 질문	Qu. test.	419				
De opere monachorum 수도승의 노동	Op. mon.	401	40	41		7,2
De ordine 질서	Ord.	386.11~387.3	32	63	29	3,1
De origine animae (= Ep. 166) 영혼의 기원 (= 편지 166)	Orig. an.	415	33	44		
De patientia 인내	Pat.	417/418	40	41		7,2
De peccatorum meritis et remissione et de baptismo parvulorum (ad Marcellinum) (마르켈리누스에게 보낸) 죄벌과 용서 그리고 유아세례	Pecc. mer.	411	44	60		17,1
De perfectione iustitiae hominis 인간 의로움의 완성	Perf. iust.	415	44	42		17,1
De philosophia [deperditus] 철학 [소실]	Phil.	387				
De praedestinatione sanctorum (ad Prosperum et Hilarium) (프로스페르와 힐라리우스에게 보낸) 성도들의 예정	Praed. sanct.	428/429	44			20

저서	약어	저술 연도	PL	CSEL	CCL	NBA
De praesentia Dei (ad Dardanum) (= Ep. 187) (다르다누스에게 보냄) 하느님의 현존 (= 편지 187)	Praes. Dei	417	33	57		
De pulchro et apto [deperditus] 아름답고 알맞은 것 [소실]	Pulch.	381/382				
De rhetorica 수사학	Rhet.	387	32			36
De sancta virginitate 거룩한 동정	Virg.	401	40	41		7,1
De sententia Iacobi (= Ep. 167) 야고보의 명제 (= 편지 167)	Sent. Iac.	415	33	44		
De sermone Domini in monte 주님의 산상 설교	Serm. Dom.	393/395	34		35	10,2
De spiritu et littera (ad Marcellinum) (마르켈리누스에게 보냄) 영과 문자	Spir. et litt.	412	40	60		17,1
De symbolo ad catechumenos 예비신자들을 위한 신경 해설	Symb. cat.	425	40		46	
De Trinitate 삼위일체론	Trin.	399~422/426년경	42		50-50/A	4

De unico baptismo contra Petilianum (= Ep. 120) 페틸리아누스 반박, 하나인 세례 (= 편지 120)	Un. bapt.	410/411, 겨울	43	53		16,1
De utilitate credendi 믿음의 유익	Util. cred.	391/392	42	25,1		6,1
De utilitate ieiunii 단식의 유익	Util. ieiun.	408	40		46	
De vera religione 참된 종교	Vera rel.	390/391	34	77,2	32	6,1-2
De videndo Deo (= Ep. 147) 하느님 관상 (= 편지 147)	Vid. Deo	413	33	44		
Enarrationes in Psalmos 시편 상해	En. Ps.	392~422	36-37	93-95	38-40	25-28,2
Enchiridion ad Laurentium seu de fide, spe et caritate 라우렌티우스에게 보낸 길잡이/ 믿음 희망 사랑	Ench.	421/422	40		46	6,2
Epistulae 서간집	Ep.	386-430	33	34.44.57.58.88	31,31/A	1-23/A
Epistulae ad Romanos inchoata expositio 로마서 미완성 해설	Ep. Rm. inch.	394/395	35	84		10,2
Expositio epistulae ad Galatas 갈라티아서 해설	Exp. Gal.	394/395	35	84		10,2

저서	약어	저술 연도	PL	CSEL	CCL	NBA
Expositio epistulae Iacobi ad duodecim tribus [deperdita] 열두 지파에게 보낸 야고보서 해설 [소실]	Exp. Iac.					
Expositio quarundam propositionum ex epistula apostoli ad Romanos 로마서 명제 해설	Exp. prop. Rm.	394/395	35	84		10,2
Gesta cum Emerito Donatistarum episcopo 도나투스파 주교 에메리투스와의 논쟁	Emer.	418.9.20	43	53		16,2
In epistulam Ioannis ad Parthos tractatus 요한 서간 강해	Ep. Io. tr.	406/407	35			24,2
In Ioannis evangelium tractatus 요한 복음 강해	Io. ev.	407/408~419/420	35		36	24,1-2
Locutiones in Heptateuchum 칠경 강해	Loc.	419/420	34		33	11,1-2
Probationes et testimonia contra Donatistas [deperditae] 도나투스파 반박 증명과 증언 [소실]	Prob. et test.	405				
Psalmus contra partem Donati 도나투스파 반박 시편	Ps. Don.	393/394	43	51		15,1
Quaestiones evangeliorum 복음서에 관한 질문	Qu. ev.	399/400	35		44/B	10,2

Quaestiones expositae contra paganos numero sex (= Ep. 102) 이교인 반박 여섯 질문 (= 편지 102)	Qu. pag.	408/409	33	34,2	10,3
Quaestiones in Heptateuchum 칠경에 관한 질문	Qu.	419/420	34	28,2	
Quaestiones XVI in Matthaeum 마태오 복음의 열여섯 질문	Qu. Mt.	399/400	35		10,2
Regula 규칙서	Reg.				
Regula: Obiurgatio (= Ep. 211,1-4) 규칙서: 훈계	Reg. 1	397/399	33	57	7,2
Regula: Ordo monasterii 규칙서: 수도원 규정집	Reg. 2	397/399	32		7,2
Regula: Praeceptum 규칙서: 계명집	Reg. 3	397/399	32		7,2
Retractationes 재론고	Retr.	426/427	32	36	2
Sermo ad Caesariensis Ecclesiae plebem 카이사리아 교회 신자들에게 행한 설교	Serm. Caes.	418	43	53	
Sermones 설교집	Serm.	391~430	38-39; PLS 2	41	29-35,2
Soliloquia 독백	Sol.	386.11~387.3	32	89	3,1

저서	약어	저술 연도	PL	CSEL	CCL	NBA
Speculum 보감寶鑑	*Spec.*	427	34	12		10,3
Versus de s. Nabore 성 나보르 시구	*Vers. Nab.*		PLS 2			
Versus in mensa 식탁 시구	*Vers. mens.*		32			

아우구스티누스 연구 자료[연대순]

1. 참고문헌 목록

GIULIANO VIGINI, *Le Confessioni di sant'Agostino. IV/1: Bibliografia*, Milano 1995.

GIOVANNI CATAPANO, *L'idea di filosofia in Agostino. Guida bibliografica*, Padova 2000.

ALDO MODA, *Agostino e la sua eredità*, in «Nicolaus» 28 (2001), 1-322.

Un demi-siècle de recherches sur Augustin et l'augustinisme, in «Revue d'études augustiniennes et patristiques» 50/2 (2004), 251-391.

2. 학술지

«Analecta Augustiniana», Roma 1905~. 색인 1905~1926(1981), 1927~1954(1983).

«Estudio agustiniano» [Valladolid 1914~. *Archivio historico hispano-agustiniano* (1914~1927) e *Archivio agustiniano* (1928~1967)].

«Augustiniana», Leuven 1951~.

«Augustinus», Madrid 1956~.

«Augustinianum», Roma 1961~.

«Augustinian studies», Villanova 1970~.

«Revue des études augustiniennes et patristiques» 2004~ (1940~1954년까지는 *L'année théologique augustinienne*라는 이름으로, 1955~2003년까지는 *Revue des études augustiniennes*라는 이름으로 출간되었고, 해마다 *Bulletin augustinien*이라는 별책에 최신 참고문헌 목록을 실어 출간하고 있다).

3. 인터넷 사이트

www.augustinus.de

www.augustinus.it (아우구스티누스 전집 라틴어 원문과 이탈리아어 · 영어 · 스페인어 · 프랑스어 · 독일어 현대어 번역 등을 무료로 활용할 수 있다 — 역자 주).

4. 사전

Augustinus-Lexikon. Herausgegeben von Cornelius Mayer. In Verbindung mit Erich Feldmann, Wilhelm Geerlings, Reinhart Herzog [이후 Martin Klöckener], Serge Lancel, Goulven Madec, Gerard O'Daly, Alfred Schindler, Otto Wermelinger, Antonie Wlosok. Redaktion: Karl Heinz Chelius, Schwabe, Basel - Stuttgart [이후 Basel], 1986~.

Augustine through the Ages. An encyclopedia. Allan D. Fitzgerald (ed.), Eerdmans 1999 [스페인어 2001; 프랑스어 2005; 이탈리아어 2007].

The Oxford Guide to the Historical Reception of Augustine, Karla Pollmann (ed.), Oxford 2013, 3 voll.

5. 전집

Nuova Biblioteca Agostiniana, Roma 1965~.

CAG. Corpus Augustinianum Gissense. A Cornelio Mayer (ed.), Basel 2005^2 (cd-rom).

6. 연대기

ANNE-MARIE LA BONNARDIÈRE, *Recherches de chronologie augustinienne*, Paris 1965.

PIERRE-MARIE HOMBERT, *Nouvelles recherches de chronologie augustinienne*, Paris 2000.

7. 전기

7.1. 고대 전기

POSSIDIO, *Vita di Agostino*. Introduzione, testo critico, versione e note a cura di Michele Pellegrino, Alba 1955.

—, *Vita di Agostino*, in *Vita di Cipriano. Vita di Ambrogio. Vita di Agostino*. Introduzione di Christine Mohrmann. Testo critico e commento a cura di A.A.R. Bastiaensen, trad. di Carlo Carena, Milano 1981, 127-241; 339-451 (commento) [포시디우스 『아우구스티누스의 생애』 이연학 · 최원오 역주, 분도출판사 2008].

SÉBASTIEN LENAIN DE TILLEMONT, *Mémoires pour servir à l'histoire ecclésiastique des six premiers siècles*, Paris 1693~1712, 16 voll. [제13권(1701년)에 아우구스티누스의 생애가 실려 있다].

7.2. 현대 평전

FREDERIC VAN DER MEER, *Augustinus de Zielzorger*, Utrecht - Brussel 1947.

PETER BROWN, *Augustine of Hippo: A Biography*, California 1967/2000[2] (with an Epilogue) [피터 브라운 『어거스틴. 생애와 사상』 차종순 옮김, 대한예수교장로회총회출판국 1992; 피터 브라운 『아우구스티누스 — 격변의 시대, 영혼의 치유와 참된 행복을 찾아 나선 영원한 구도자』 정기문 옮김, 새물결 2012].

SERGE LANCEL, *Saint Augustin*, Paris 1999.

ALBERTO PINCHERLE, *Vita di sant'Agostino*, Roma - Bari 2000[3].

GERALD BONNER, *St Augustine of Hippo. Life and controversies*, Norwich 2002[3].

JAMES J. O'DONNELL, *Augustine. A new biography*, New York 2005.

7.3. 약전

VERA PARONETTO, *Agostino. Messaggio di una vita*, Roma 1981.

CARLO CREMONA, *Agostino di Ippona. La ragione e la fede*, Milano 1986/2003[2] [카를로 크레모나 『성 아우구스티누스傳』 성염 옮김, 성바오로출판사 1992].

GARRY WILLS, *Saint Augustine*, New York 1999 [게리 윌스 『성 아우구스티누스』 안인희 옮김, 푸른숲 2005].

AGOSTINO TRAPÈ, *S. Agostino. L'uomo, il pastore, il mistico*, Roma 2001.

LUCIEN JERPHAGON, *Saint Augustin, le pédagogue de Dieu*, Paris 2002.

RENATO CORTI, *Un giovane diventa cristiano. L'esperienza di sant'Agostino*, Milano 2003.

8. 주요 연구서

PROSPER ALFARIC, *L'évolution intellectuelle de saint Augustin. I. Du manichéisme au néoplatonisme*, Paris 1918.

JOSEPH MAUSBACH, *Die Ethik des heiligen Augustinus*, Freiburg 1929².

HENRI-IRÉNÉE MARROU, *Saint Augustin et la fin de la culture antique*, Paris 1938.

CHARLES BOYER, *L'idée de vérité dans la philosophie de saint Augustin*, Paris 1941².

MAURICE PONTET, *L'exégèse de S. Augustin prédicateur*, Paris 1946.

FULBERT CAYRÉ, *La contemplation augustinienne. Principes de spiritualité et de théologie*, Paris-Bruges 1954².

RAGNAR HOLTE, *Béatitude et sagesse. Saint Augustin et le problème de la fin de l'homme dans la philosophie ancienne*, Paris - Worcester 1962.

OLIVIER DU ROY, *L'intelligence de la foi en la Trinité selon saint Augustin. Genèse de sa théologie trinitaire jusqu'en 391*, Paris 1966.

HARALD HAGENDHAL, *Augustine and the latin classics*, Göteborg 1967, 2 voll.

ANDRÉ MANDOUZE, *Saint Augustin. L'aventure de la raison et de la grâce*, Paris 1968.

OTHMAR PERLER / JEAN-LOUIS MAIER, *Les voyages de saint Augustin*, Paris 1969.

EUGENE TESELLE, *Augustine the theologian*, New York 1970.

MICHELE FEDERICO SCIACCA, *Sant'Agostino*, Palermo 1991.

JOHN BURNABY, *Amor Dei. A study of the religion of St. Augustine*, Norwich 1991².

ÉTIENNE GILSON, *Introduction a l'étude de Saint Augustin*, Paris 2003³ [에티엔느 질송 『아우구스티누스 사상의 이해』 김태규 옮김, 성균관대학교출판부 2010].

9. 입문서

JAMES J. O'DONNELL, *Augustine*, Boston 1985.

HENRY CHADWICK, *Augustine*, Oxford 1986 [헨리 채드윅 『아우구스티누스』 김승철 옮김, 2001 시공사].

BATTISTA MONDIN, *Il pensiero di Agostino. Filosofia, teologia, cultura*, Roma 1988.

MARCO VANNINI, *Invito al pensiero di sant'Agostino*, Milano 1989.

CHRISTOPH HORN, *Augustinus*, München 1995.

MARCEL NEUSCH, *Initiation à saint Augustin, maître spirituel*, Paris 1996.

LUIGI ALICI, *L'altro nell'io. In dialogo con Agostino*, Roma 1999.

AGOSTINO TRAPÉ, *Introduzione generale a sant'Agostino*. A cura di Franco Monteverde, Roma 2006.

10. 역사 문화적 배경

HENRI-IRÉNÉE MARROU, *L'Église de l'antiquité tardive (303-604)*, Paris 1985.

ANTONIO QUACQUARELLI, *Reazione pagana e trasformazione della cultura (fine IV secolo d.C.)*, Bari 1986.

VITO A. SIRAGO, *L'uomo del IV secolo*, Napoli 1989.

MATILDE CALTAVIANO, *Litterarum lumen. Ambiente culturali e libri tra il IV e il V secolo*, Roma 1996.

HARTWIN BRANDT, *Das Ende der Antike. Geschichte des spätrömischen Reiches*. München 2001.

11. 사상

JOSEPH RATZINGER, *Volk und Haus Gottes in Augustinus Lehre von der Kirche*, München 1954.

JEAN PÉPIN, «*Ex platonicorum persona*». *Études sur les lectures philosophiques de saint Augustin*, Amsterdam 1977.

KURT FLASCH, *Augustin. Einführung in sein Denken*, Stuttgart 1983/2003^3.

Saint Augustin et la Bible. Sous la direction de Anne-Marie la Bonnardière, Paris 1986.

GERARD O'DALY, *Augustine's Philosophy of Mind*, Berkeley - Los Angeles 1987.

GAETANO LETTIERI, *Il senso della storia in Agostino d'Ippona*, Roma 1988.

ROBERT A. MARKUS, *Saeculum: history and society in the theology of St Augustine*, Cambridge 1988^2.

GILLIAN ROSEMARY EVANS, *Augustine on evil*, Cambridge 1990^2.

REMO BODEI, *Ordo amoris. Conflitti terreni e felicità celeste*, Bologna 1991.

MARIE-ANNE VANNIER, «*Creatio*», «*conversio*», «*formatio*» *chez S. Augustin*, Fribourg 1991.

CHRISTOPHER KIRWAN, *Augustine*, London - New York 1991^2.

CAROL HARRISON, *Beauty and revelation in the thought of Saint Augustine*, Oxford 1992.

BRIAN STOCK, *Augustine the reader. Meditation, self-knowledge and the ethics of interpretation*, Cambridge - London 1996.

GOULVEN MADEC, *Saint Augustin et la philosophie. Notes critiques*, Paris 1996.

JOHN M. RIST, *Augustine: Ancient Thought Baptized*, Cambridge 1996.

PIERRE-MARIE HOMBERT, *Gloria gratiae. Se glorifier en Dieu, principe et fin de la théologie augustinienne de la grâce*, Paris 1996.

GIULIA SFAMENI GASPARRO, *Agostino tra etica e religione*, Brescia 1999.

GAETANO LETTIERI, *L'altro Agostino. Ermeneutica e retorica della grazia dalla crisi alla metamorfosi del «De doctrina christiana»*, Brescia 2001.

GIOVANNI CATAPANO, *Il concetto di filosofia nei primi scritti di Agostino. Analisi dei passi metafilosofici dal «Contra Academicos» al «De vera religione»*, Roma 2001.

GOULVEN MADEC, *Le Christ de saint Augustin, La Patrie et la Voie*, Paris 2001².

WERNER BEIERWALTES, *Platonismus im Christentum*, Frankfurt 2001².

GIORGIO SANTI, *Agostino d'Ippona filosofo*, Roma 2003.

VIRGILIO PACIONI, *Agostino d'Ippona. Prospettiva storica e attualità di una filosofia*, Milano 2004.

12. 자료집

Augustinus Magister. Congrès international augustinien (Paris, 1954), Études augustiniennes, 3 voll., Paris 1954~1955.

Congresso internazionale su S. Agostino nel XVI centenario della conversione (Roma, 15~20 settembre 1986). Atti, Institutum Patristicum Augustinianum, 3 voll., Roma 1987.

Internationales Symposion über den Stand der Augustinus-Forschung. hrsg. von Cornelius Mayer und Karl Heinz Chelius, Würzburg 1989.

Collectanea Augustiniana. General editors: Joseph C. Schnaubelt e Frederick Van Fleteren, 3 voll., 1990~1994.

Augustine: Second founder of the faith, 1990.

Augustine: Presbyter factus sum, 1993.

Augustine: Mystic and mystagogue, 1994.

Augustin prédicateur. Actes du Colloque international de Chantilly (5~7 septembre 1996) edités par Goulven Madec, Institut d'Études augustiniennes, Paris 1998.

13. 전시회 도록

Gli umanisti e Agostino. Codici in mostra (Firenze, Biblioteca Medicea Laurenziana, 13 dicembre 2001~maggio 2002), a cura di Donatella Coppini e Mariangela Regoliosi, Firenze 2001.

387 d.C. Ambrogio e Agostino. Le sorgenti dell'Europa (Milano, Museo diocesano, 8 dicembre 2003-2 maggio 2004), a cura di Paolo Pasini, Milano 2003.

아우구스티누스 연보

354년	11월 13일, 아버지 파트리키우스와 어머니 모니카 사이에서 타가스테에서 태어남.
361~365년	타가스테에서 초등교육을 받음.
365~369년	마다우라에서 공부를 계속함.
370년	경제적 어려움 때문에 공부를 그만두고 타가스테로 돌아와 빈둥거리며 한 해를 보냄.
371년	친구 로마니아누스의 도움으로 카르타고로 유학을 감. 아버지 파트리키우스의 죽음. 한 여인과 동거 시작.
372년	아들 아데오다투스가 태어남.
373년	키케로의 『호르텐시우스』를 읽고 '지혜에 대한 사랑'(철학)에 빠짐. 성경을 읽다 덮어 버림. 마니교에 빠짐.
374년	공부를 끝내고 타가스테에 돌아와 문법을 가르침. 어머니 모니카가 아우구스티누스 가족을 맞아들이지 않아 로마니아누스의 집에서 지냄.
375년	사랑하는 친구의 죽음.
376년	타가스테를 떠나 다시 카르타고로 가서 수사학을 가르침.
380~381년	마니교에 염증을 느낌.
383년	마니교 지도자 밀레비스의 파우스투스를 만나 크게 실망함. 로마로 떠남. 회의주의에 빠짐.
384년	밀라노의 수사학 교수로 임명됨. 암브로시우스를 만남.
385년	모니카가 밀라노에 옴.

386년	신플라톤 철학 서적들과 바오로 서간을 읽음. 가톨릭 신앙으로 돌아옴. 밀라노 근처 카시키아쿰으로 물러가 친구 베레쿤두스의 별장에서 지냄.『대화집』저술을 시작함.
387년	3월 초 밀라노로 돌아가 세례를 준비함. 4월 24일 부활 성야에 암브로시우스 주교로부터 세례를 받음. 8월경 어머니 모니카가 오스티아에서 세상을 떠남.
388년	로마에서 지냄.『자유의지론』집필을 시작함. 이탈리아를 영영 떠남. 타가스테에서 공동체 생활을 시작함.
389년	『교사론』을 저술함.
390년	『참된 종교』를 저술함.
391년	히포에 갔다가 사제로 서품됨. 히포에 수도원을 세움.
395년	주교로 서품됨.
397년	발레리우스 주교를 이어 히포의 교구장 주교가 됨. 마니교와 논쟁을 벌임.『그리스도교 교양』과『고백록』저술을 시작함.
399년	『삼위일체론』을 저술하기 시작하여 421년에 탈고함.
400~411년	도나투스 논쟁에 열중함.
410년	8월 24일 로마가 함락됨.
412~426년	『신국론』을 저술함. 펠라기우스 논쟁에 몰두함.
426~427년	『재론고』를 저술함.
430년	8월 28일, 히포가 반달족에게 포위된 가운데 선종함.

아우구스티누스 저술의 우리말 번역

이 책 출간 시점까지 우리말로 번역되어 있는 아우구스티누스의 저술들을 가나다순으로 배열하되, 동일 작품에 여러 번역본이 있을 경우 출판 연도에 따라 정리하였다. 해제와 역주가 달린 라틴어 대역을 비롯하여 거칠고 부실한 중역이나 편역에 이르기까지 다양한 번역본들이 뒤섞여 있지만, 옥석을 가리는 일은 독자들의 몫으로 미루면서, 힘닿는 대로 모든 자료를 한데 모아 냈다.

포시디우스 『아우구스티누스의 생애』 *Vita Augustini*
 1. 포시디우스 『아우구스티누스의 생애』 이연학 · 최원오 역주, 분도출판사 2008.

『거룩한 동정』 *De sancta virginitate*
 1. 『경건을 위해 결혼하지 않음에 관하여』 박일민 옮김 『아우구스티누스의 결혼론』 야웨의말씀 2010, 207-278.

『고백록』 *Confessiones*
 1. 『懺悔錄』(제1-9권) 김정준 옮김, 대한기독교서회 1954/1965^2.
 2. 『完譯 懺悔錄』(제1-9권) 박동원 옮김, 개조각 1960.
 3. 『고백록』 최민순 옮김, 바오로딸 1965/1991^2/2010^3.
 4. 『告白』(제1-10권) 윤성범 옮김, 을유문화사 1966/1983^2.
 5. 『고백』 방곤 옮김, 대양서적 1971.

6. 『告白錄』 김병호 옮김, 집문당 1974/1998².
7. 『고백록』(제1-10권) 최귀동 옮김, 보경 1974.
8. 『告白錄』 정정숙 옮김, 세종문화사 1977.
9. 『참회록』 김춘배 옮김, 대한기독교서회 1979.
10. 『告白』 이경식, 범조사 1982.
11. 『참회록』 지경자 옮김, 홍신문화사 1983/1992².
12. 『고백록』 김평옥 옮김, 범우사 1987/1998²/2008³.
13. 『참회록』 김종웅 옮김, 크리스챤다이제스트 1987/2001².
14. 『참회록』 최정선 옮김, 지성문화사 1988/2011².
15. 『참회록』 이수지 옮김, 그대로 1988.
16. 『고백』 김희보 옮김, 종로서적 1989.
17. 『어거스틴 참회록』(제1-10권) 김영종 옮김, 고려문학사 1989.
18. 『참회록』 황송문 옮김, 글벗사 1989.
19. 『성 어거스틴의 고백록』 선한용 옮김, 대한기독교교서회 1990/2003².
20. 『참회록』 함희준 옮김, 고려서원 1990; 예림미디어 2006.
21. 『참회록』 오병학 · 임금선 옮김, 예찬사 1991/2006².
22. 『참회록』 박재천 옮김, 기독태인문화사 1992.
23. 『고백록』 김기찬 옮김, 현대지성사 2000; 크리스챤다이제스트 2008.
24. 『성 어거스틴의 참회록』 이경옥 옮김, 생명의말씀사 2000.
25. 『성 어거스틴의 고백록』 김광채 옮김, 기독교문서선교회 2004.
26. 『고백록』 정은주 옮김, 풀빛 2006.
27. 『고백록』 박의경 옮김, 타임기획 2006.
28. 『성 어거스틴의 참회록』 조은화 옮김, 생명의말씀사 2007/2014².
29. 『고백록』 김희보 · 강경애 옮김, 동서문화사 2008.
30. 『고백록』(천 줄 읽기) 문시영 옮김, 지만지 2008.
31. 『성 어거스틴의 참회록』 송용자 옮김, 씨뿌리는사람 2008.
32. 『참회록』 최정선 옮김, 지성문화사 2008/2011².
33. 『고백록』 마도경 옮김, 다락원 2009.

34. 『현대인을 위한 어거스틴의 고백록』 김광남 옮김, 엔크리스토 2009.
35. 『고백록』 신선명 · 신현복 옮김, 아침영성지도연구원 2010.
36. 『성 어거스틴의 고백록』 신호섭 옮김, 크리스챤출판사 2010.
37. 『현대인을 위한 어거스틴의 참회록』 최예자 옮김, 프리셉트 2010.
38. 『고백록』 조용석 옮김 『아우구스티누스: 고백록과 신앙편람. 기독교고전총서 6』 두란노아카데미 2011, 49-487.
39. 『고백록』 김성웅 옮김, 포이에마 2014.
40. 『고백록』 강영계 옮김, 서광사 2014.

『교사』De magistro
1. 『교사론』 김영국 옮김 『어거스틴 저작집 II』 소망사 1984, 165-237.
2. 『교사』 공성철 옮김 『아우구스티누스: 전기 저서들. 기독교고전총서 5』 두란노아카데미 2011, 95-145.
3. 『교사론』 김광채 옮김 『어거스틴의 교육사상 텍스트』 아침동산 2011, 1-95.

『규칙서』Regula
1. 『아우구스티누스 규칙서』 아돌라르 줌켈러 해설, 이형우 옮김, 분도출판사 1989/2006².

『그리스도교 교양』De doctrina christiana
1. 『그리스도교 교양』 교부문헌총서 2, 성염 역주, 분도출판사 1989/2011².
2. 『기독교 교육론』 김종흡 옮김, 크리스챤다이제스트 1994.
3. 『기독교 학문론』 김광채 옮김 『어거스틴의 교육사상 텍스트』 아침동산 2011, 217-529.

『그리스도의 은총과 원죄』De gratia Christi et de peccato originali
1. 『그리스도의 은혜와 원죄에 대하여』 김종흡 옮김 『아우구스티누스의 은혜론과 신앙론』 생명의말씀사 1990, 82-165.

2. 『그리스도의 은총에 관하여, 그리고 원죄에 관하여』 차종순 옮김 『어거스틴의 은총론 3』 한국장로교출판사 1997, 11-142.

『독백』 *De Soliloquia*
1. 『독백』 김효신 옮김, 가톨릭청년사 1960.
2. 『독백』 김영국 옮김 『어거스틴 저작집 II』 소망사 1984, 327-424.
3. 『독백』 공성철 옮김 『아우구스티누스: 전기 저서들. 기독교고전총서 5』 두란노아카데미 2011, 27-93.

『믿음의 유익』 *De utilitate fidei*
1. 『믿음의 유용성』 공성철 옮김 『아우구스티누스: 전기 저서들. 기독교고전총서 5』 두란노아카데미 2011, 385-436.

『믿음 희망 사랑』 *Enchiridion ad Laurentium, seu de fide, spe et caritate*
1. 『믿음과 소망과 사랑에 대하여』 김종흡 옮김 『아우구스티누스의 은혜론과 신앙론』 생명의말씀사 1990, 337-422.
2. 『신앙핸드북』 심이석 옮김 『성 어거스틴 신국론 요약 신앙핸드북』 크리스챤다이제스트 1990/2008², 231-336.
3. 『신앙편람』 백충현 옮김 『아우구스티누스: 고백록과 신앙편람. 기독교고전총서 6』 두란노아카데미 2011, 490-587.

『본성과 은총』 *De natura et gratia*
1. 『본성과 은총』 차종순 옮김 『어거스틴의 은총론 2』 한국장로교출판사 1997, 127-246.

『삼위일체론』 *De Trinitate*
1. 『삼위일체론』 김종흡 옮김, 크리스챤다이제스트 1993.
2. 『삼위일체론』 이형기 옮김 『아우구스티누스: 후기 저서들. 기독교고전총서 7』 두란노아카데미 2011, 32-249.

『선의 본성』*De natura boni*
1. 『선의 본성』 공성철 옮김 『아우구스티누스: 전기 저서들. 기독교고전총서 5』 두란노아카데미 2011, 438-469.

『성도들의 예정』*De praedestinatione sanctorum ad Prosperum et Hilarium primus*
1. 『성도들의 예정에 대하여』 김종흡 옮김 『아우구스티누스의 은혜론과 신앙론』 생명의말씀사 1990, 218-269.
2. 『성도들의 예정에 관하여』 차종순 옮김 『어거스틴의 은총론 4』 한국장로교출판사 1998, 365-438.
3. 『아우구스티누스의 예정론』 박일민 옮김, 야웨의말씀 2010.

『시편 상해』*Enarrationes in Psalmos*
1. (일부) 『찬양시편 강론·해설』 C. 보르고뇨 편역, 성염 옮김, 바오로딸 1995.

『신국론』*De civitate Dei*
1. 『神國』 윤성범 옮김, 을유문화사 1966.
2. 『하나님의 도성』 조호연·김종흡 옮김, 크리스챤다이제스트 1998.
3. 『신국론』 교부문헌총서 15·16·17, 성염 역주, 분도출판사 2002.
4. 『신국론』(천 줄 읽기) 문시영 옮김, 지만지 2012.
5. 『신국론』 추인해 옮김, 동서문화동판 2013.

『신앙과 신경』*De fide et symbolo*
1. 『신앙과 신조』 공성철 옮김 『아우구스티누스: 전기 저서들. 기독교전총서 5』 두란노아카데미 2011, 471-496.

『심플리키아누스의 다양한 질문』*De diversis quaestionibus ad Simplicianum*
1. 『심플리키아누스께 ― 다양한 질문들에 관하여』 공성철 옮김 『아우구스티누스: 전기 저서들. 기독교고전총서 5』 두란노아카데미 2011, 497-544.

『아카데미아 학파 반박』Contra Academicos
1. 『아카데미아파 논박』 김영국 옮김 『어거스틴 저작집 I』 소망사 1984, 39-172.

『영과 문자』De spiritu et littera
1. 『영(靈)과 의문(儀文)에 관하여』 김종흡 옮김 『아우구스티누스의 은혜론과 신앙론』 생명의말씀사 1990, 13-81.
2. 『영과 의문에 관하여』 차종순 옮김 『어거스틴의 은총론 2』 한국장로교출판사 1997, 11-126.
3. 『성령과 문자』 공성철 옮김, 한들출판사 2000.
4. 『영과 문자』 정원래 옮김 『아우구스티누스: 후기 저서들. 기독교고전총서 7』 두란노아카데미 2011, 252-334.

『영혼과 그 기원』De anima et eius origine
1. 『영혼과 그 기원에 관하여』 차종순 옮김 『어거스틴의 은총론 3』 한국장로교출판사 1997, 299-481.

『영혼 불멸』De immortalitate animae
1. 『영혼불멸론』 김영국 옮김 『어거스틴 저작집 II』 소망사 1984, 7-49.

『영혼의 위대함』De quantitate animae
1. 『영혼의 위대성』 김영국 옮김 『어거스틴 저작집 II』 소망사 1984, 51-164.

『예비신자를 위한 신경 해설』De symbolo ad catechumenos
1. 『어거스틴의 사도신경 해설 — 세례를 받기 위해 준비하는 사람들을 위한 신경에 관한 설교』 신언 2013.

『요한 서간 강해』In epistulam Ioannis ad Parthos tractatus
1. 『사랑하십시오 그리고 원하는 바를 하십시오. 요한 서간 강해』 아우구스띠노 수도회 편집부 옮김, 인천가톨릭대학교 출판부 2006.

2. 『요한 서간 강해』 교부문헌총서 19, 최익철 옮김, 이연학 · 최원오 해제 역주, 분도출판사 2010.
3. 『요한일서에 대한 설교』 정원래 옮김 『아우구스티누스: 후기 저서들. 기독교고전총서 7』 두란노아카데미 2011, 335-463.

『은총과 자유의지』 *De gratia et libero arbitrio*
　1. 『은총과 자유의지에 관하여』 차종순 옮김 『어거스틴의 은총론 4』 한국장로교출판사 1998, 211-291.

『인간 의로움의 완성』 *De perfectione iustitiae hominis*
　1. 『인간의 의의 완성에 관하여』 차종순 옮김 『어거스틴의 은총론 2』 한국장로교출판사 1997, 247-324.

『인내』 *De patientia*
　1. 『인내론』 이성효 옮김, 수원가톨릭대학교 출판부 2005.

『입문자 교리교육』 *De catechizandis rudibus*
　1. 『입문자 교리교육』 이성효 옮김, 수원가톨릭대학교 출판부 2005.

『자유의지론』 *De libero arbitrio*
　1. 『어거스틴의 자유의지론』 박일민 옮김, 풍만출판사 1985.
　2. 『자유의지론』 교부문헌총서 10, 성염 역주, 분도출판사 1998.
　3. 『아우구스티누스의 자유의지론』 박일민 옮김, 야웨의말씀 2010.
　4. 『자유의지론』 공성철 옮김 『아우구스티누스: 전기 저서들. 기독교고전총서 5』 두란노아카데미 2011, 147-296.

『죄벌과 용서 그리고 유아세례』 *De peccatorum meritis et remissione et de baptismo parvulorum ad Marcellinum*
　1. 『공로와 죄의 용서에 관하여, 그리고 유아세례에 관하여』 차종순 옮김 『어거스틴의 은총론 1』 한국장로교출판사 1996, 221-441.

『주님의 산상 설교』*De sermone Domini in monte*
1. 『산상수훈 강해설교』 전덕애 옮김, 전망사 1980.

『질서』*De ordine*
1. 『질서론』 김영국 옮김 『어거스틴 저작집 I』 소망사 1984, 227-326.

『참된 종교』*De vera religione*
1. 『참종교론』 김영국 옮김 『어거스틴 저작집 II』 소망사 1984, 239-353.
2. 『참된 종교』 교부문헌총서 3, 성염 역주, 분도출판사 1989/2011².
3. 『참된 종교』 공성철 옮김 『아우구스티누스: 전기 저서들. 기독교고전총서 5』 두란노아카데미 2011, 297-383.

『펠라기우스 행적』*De gestis Pelagii*
1. 『펠라기우스 재판 진행에 관하여』 차종순 옮김 『어거스틴의 은총론 2』 한국장로교출판사 1997, 325-436.

『펠라기우스파 두 서간 반박』*Contra duas epistulas Pelagianorum*
1. 『펠라기우스주의자들의 두 개의 편지를 반대하여』 차종순 옮김 『어거스틴의 은총론 4』 한국장로교출판사 1998, 11-200.

『항구함의 은사』*De dono perseveratiae ad Prosperum*
1. 『견인의 은사에 대하여』 김종흡 옮김 『아우구스티누스의 은혜론과 신앙론』 생명의말씀사 1990, 270-334.
2. 『견인의 은총에 관하여』 차종순 옮김 『어거스틴의 은총론 4』 한국장로교출판사 1998, 439-529.

『행복한 삶』*De beata vita*
1. 『행복한 생활』 김효신 옮김, 가톨릭청년사 1960.
2. 『복된 삶』 김영국 옮김 『어거스틴 저작집 I』 소망사 1984, 173-225.
3. 『행복론』 박주영 옮김, 누멘 2010.

『혼인과 욕정』*De nuptiis et concupiscentia*
　1. 『결혼과 현세욕에 관하여』 차종순 옮김 『어거스틴의 은총론 3』 한국장로교출판사 1997, 143-298.
　2. 『결혼과 욕정에 관하여』 박일민 옮김 『아우구스티누스의 결혼론』 야웨의말씀 2010, 65-206.

『혼인의 유익』*De bono coniugali*
　1. 『결혼의 선함에 관하여』 박일민 옮김 『아우구스티누스의 결혼론』 야웨의말씀 2010, 15-63.

『훈계과 은총』*De correptione et gratia*
　1. 『비난과 은총에 관하여』 차종순 옮김 『어거스틴의 은총론 4』 한국장로교출판사 1998, 293-363.

색인

가우덴티우스 165 188
게론티우스 70
겐세리쿠스 178
겔리우스 55
그라티아누스 65
길도 105

나비기우스 23 91
네브리디우스 55-7 108
니코마쿠스 55

도나투스 115-6 165 167 187 189 210
도나투스(문법학자) 27
도나투스파 115-6 147 165-7 186-9 191 194 198
디오메데스 27
디오클레티아누스 20 45 115

라르티디아누스(라스티디아누스) 91
로마니아누스 30 46 51-2 54 59 209
루스티쿠스 91
루쿨루스 34
루킬리아누스 54
루타티우스 카툴루스 34
리우트프란두스 179-80
리켄티우스 54 92

마니 40-6 163 187
마니교 39-40 42-9 52 56-61 68 106-9 114 147 163-5 167 188 209-10
마니교도 39 45-8 56-7 60 64 106 164 188-9 193-4
마르켈리누스 166 195-6
마르티리우스 70
막시무스(문법학자) 27
막시무스(찬탈자) 105
만리우스 테오도루스 77
모니카 22-4 30 51-2 59 74-5 83 91 101-5 148 209-10

바로 55 61
바오로 78-81 93 125 128 210
발레리우스 111-3 118-9 194 210
발렌티니아누스 1세 63
발렌티니아누스 2세 64
베네딕도 11 72 123
베니그누스 70
베레쿤두스 91 93
베르길리우스 28
보에티우스 180
빅토리누스 70-1 77
빅토리아 65

샘의 성 요한 98-9
석가 41

세네카 55
세쿤디누스 164 189
셉티무스 세베루스 21
시시니우스 70
신플라톤 철학 71 76-8 92 210
심마쿠스 64-6
심플리키아누스 69-71 76-7 191 215

아데오다투스 32 51 83 91 95 97-8
   106 112 209
아르케실라오스 61
아리스토텔레스 34 71
아리우스파 64 187 189
아스페르 27
아우구스티누스 passim
아욱센티우스 64
아카데미아 학파 23 36 51-2 54 59
   61 77 79 92 187 216
아타나시우스 73
아풀레이우스 27
안토니우스 73
알라리쿠스 168
알렉산더 70
알렉산드리아 학파 69 76
알리피우스 21 55 91 95 97-8 122
암모니우스 사카 76
암브로시우스 63-70 74-7 95-6 98-9
   111 209-10
암펠리우스 70
에메리투스 165 186 198
에우게니우스 65 95
엘카사이 41
엘카사이파 40
엘피디우스 56
오리게네스 69

옵타투스 116
유스티니아누스 76
율리아누스 65 169-70 188
인노켄티우스 170

조로아스터 41
조시무스 170

카르네아데스 61
카룰루스 70
카리시우스 27
켈레스티우스 169-70
코르누투스 27
콘스탄티누스 2세 65
크레스코니우스 165 187
클리토마쿠스 61
키케로 28 32-5 38 55 61 71 209

테렌티아누스 마우루스 28
테오도시우스 105
테클라 98-9
트라야누스 71
트리겐티우스 92

파르메니아누스 116 165 188
파우스투스 45-7 57-8 164 188 209
파트리키우스 22-3 29-30 51 209
페르페투아 23
페틸리아누스 165 189 197
펠라기우스 167-70 193 210 218
펠라기우스주의 167-70
펠라기우스파 147 170 187 218

펠릭스 165 188
포르투나투스 46 115 188
포르피리우스 71
포시디우스 20 22-3 106-7 109-13
　　115 117-9 125 165 170 178-9
　　181 185 203 211
폰티키아누스 73
풀겐티우스 179
프리미아누스 165
플라톤 71 77 92
플로티노스 76-7
피르무스 165
필론 69

호르텐시우스 32-5 37 209
히에리우스 56